Pesquisa
**qualitativa
básica**

Dados Internacionais de Catalogação na Publicação (CIP)
(Câmara Brasileira do Livro, SP, Brasil)

Gil, Antonio Carlos
 Pesquisa qualitativa básica / Antonio Carlos Gil. – Petrópolis, RJ : Vozes, 2025.

 ISBN 978-85-326-6934-6

 1. Pesquisa – Metodologia 2. Pesquisa qualitativa I. Título.

24-222102 CDD-001.42

Índices para catálogo sistemático:
1. Pesquisa qualitativa : Metodologia 001.42

Tábata Alves da Silva – Bibliotecária – CRB-8/9253

Antonio Carlos Gil

# Pesquisa
# **qualitativa**
# **básica**

Petrópolis

2025, Editora Vozes Ltda.
Rua Frei Luís, 100
25689-900 Petrópolis, RJ
www.vozes.com.br
Brasil

Todos os direitos reservados. Nenhuma parte desta obra poderá ser reproduzida ou transmitida por qualquer forma e/ou quaisquer meios (eletrônico ou mecânico, incluindo fotocópia e gravação) ou arquivada em qualquer sistema ou banco de dados sem permissão escrita da editora.

## CONSELHO EDITORIAL

**Diretor**
Volney J. Berkenbrock

**Editores**
Aline dos Santos Carneiro
Edrian Josué Pasini
Marilac Loraine Oleniki
Welder Lancieri Marchini

**Conselheiros**
Elói Dionísio Piva
Francisco Morás
Gilberto Gonçalves Garcia
Ludovico Garmus
Teobaldo Heidemann

**Secretário executivo**
Leonardo A.R.T. dos Santos

## PRODUÇÃO EDITORIAL

Aline L.R. de Barros
Jailson Scota
Marcelo Telles
Mirela de Oliveira
Natália França
Otaviano M. Cunha
Priscilla A.F. Alves
Rafael de Oliveira
Samuel Rezende
Vanessa Luz
Verônica M. Guedes

*Editoração*: Natália Machado
*Diagramação*: Littera – Comunicação e Design
*Revisão gráfica*: Fernando Sergio Olivetti da Rocha
*Capa*: Larissa Sugahara

ISBN 978-85-326-6934-6

Este livro foi composto e impresso pela Editora Vozes Ltda.

# Sumário

*Prefácio,* 7

1 O que é pesquisa qualitativa básica, 9

2 Como formular o problema na pesquisa qualitativa básica, 25

3 Como elaborar o plano de pesquisa, 42

4 Como conduzir entrevistas, 55

5 Como utilizar outras técnicas de coleta de dados, 69

6 Como analisar os dados, 85

7 Redação do relatório de pesquisa, 109

*Referências,* 129

# Prefácio

É notória a evolução do interesse pela realização de pesquisas qualitativas. O que é justificável, pois essa modalidade de pesquisa possibilita a compreensão da experiência humana na perspectiva dos próprios sujeitos em seu ambiente natural. O que não garante, no entanto, que essas pesquisas sejam conduzidas satisfatoriamente. Isto porque entre os principais atrativos da pesquisa qualitativa estão a possibilidade de trabalhar com amostras de tamanho reduzido e a não utilização de procedimentos quantitativos de análise de dados. Mas isso não significa que a realização de pesquisas qualitativas seja uma atividade fácil. Pelo contrário, requer muitas habilidades do pesquisador, tais como: sensibilidade teórica, maestria na utilização de diferentes técnicas de coleta de dados e habilidades redacionais. E para a realização das modalidades mais clássicas de pesquisa qualitativa são requeridos fundamentos filosóficos claros e procedimentos metodológicos rigorosos.

Como decorrência dessas dificuldades, que são inerentes às clássicas modalidades de pesquisa qualitativa, muitos são os projetos que resultam em estudos inconclusivos ou com resultados pouco significativos. Situação essa que pode ser melhorada com uma visão mais ampliada do escopo da pesquisa qualitativa. Com efeito, muitos dos pesquisadores empenhados na realização de pesquisas qualitativas, embora com interesse na compreensão da experiência humana sob a perspectiva dos próprios sujeitos, não subordinam sua efetivação a uma concepção filosófica definida, não almejam estudar um fenômeno em profundidade, nem a construção de uma nova teoria. Antes, estão empenhados na compreensão de fenômenos locais e específicos, frequentemente com interesse em aplicação prática. Daí, então, a possibilidade de realizar pesquisas qualitativas básicas ou genéricas, que não requerem o atendimento aos requisitos estritos das abordagens clássicas. Nessa modalidade de pesquisa, adota-se um paradigma pragmático, que confere maior flexibilidade aos instrumentos adotados na coleta e análise de dados. Mas, desde que sua escolha seja devidamente justificada, conduzem a ricas descrições, que possibilitam a compreensão de fenômenos, processos e visões de mundo das pessoas envolvidas.

Assim, foi elaborado este livro, que tem como propósito auxiliar pesquisadores empenhados na realização de pesquisas qualitativas orientadas por problemas cuja solução não requer sua vinculação a uma perspectiva filosófica específica e, por consequência, possibilita a adoção de procedimentos mais flexíveis tanto no planejamento quanto na coleta e análise dos dados. Mas que acentua desde o primeiro capítulo os requisitos necessários para que sejam elaboradas com rigor científico.

*Antonio Carlos Gil*

# 1

# O que é pesquisa qualitativa básica

Um número crescente de pesquisas desenvolvidas nos mais diversos campos das ciências sociais vem sendo definido como pesquisas qualitativas básicas ou genéricas. São pesquisas que, embora não se inserindo no âmbito das principais tradições de pesquisa qualitativa, buscam compreender a realidade segundo a perspectiva das pessoas envolvidas. São pesquisas que se apoiam em dados qualitativos e caracterizadas por amplas descrições. Todavia, não são guiadas por um conjunto explícito de premissas filosóficas e teóricas, como ocorre nas clássicas pesquisas qualitativas. Por essa razão é que são conhecidas como pesquisas qualitativas básicas ou genéricas.

A realização dessas pesquisas costuma ser determinada por razões de ordem prática, correndo o risco de serem enfraquecidas pela ausência de um quadro de referência que oriente os procedimentos para conduzi-las satisfatoriamente. Mas, para que sejam úteis enquanto pesquisas, precisam ser conduzidas com rigor científico. Precisam, portanto, ser consideradas no contexto de uma modalidade específica de pesquisa qualitativa que pode ser aplicada mais adequadamente em algumas circunstâncias e não em outras.

Para que possa conduzir satisfatoriamente uma pesquisa qualitativa básica, o pesquisador precisa conhecer adequadamente os princípios que orientam a pesquisa qualitativa e dominar os procedimentos de planejamento, análise e interpretação de seus resultados. Assim, este primeiro capítulo é dedicado à apresentação dos fundamentos da pesquisa qualitativa e da caracterização da pesquisa qualitativa básica como uma de suas modalidades. Após estudá-lo cuidadosamente, você será capaz de:

- conceituar pesquisa qualitativa;
- descrever as principais modalidades de pesquisa qualitativa;
- reconhecer os fundamentos científicos da pesquisa qualitativa básica; e
- identificar críticas à pesquisa qualitativa básica.

## 1.1 Fundamentos da pesquisa qualitativa

A pesquisa qualitativa é frequentemente compreendida como a modalidade de pesquisa que se fundamenta em amplas descrições e não em dados numéricos. O que é rigorosamente verdadeiro, mas há muitos outros aspectos a se considerar para sua adequada conceituação, pois, se assim fosse, a pesquisa qualitativa se caracterizaria por baixo nível de cientificidade, já que é graças à utilização dos números que a linguagem científica se torna mais clara, precisa e objetiva. Seria, pois, uma modalidade de pesquisa apropriada apenas para fornecer resultados aproximados ou para proporcionar a construção de hipóteses, ou seja, para propósitos exploratórios.

Pesquisa qualitativa, a rigor, refere-se a "qualquer tipo de pesquisa que produza resultados não alcançados por meio de procedimentos estatísticos ou de outros meios de quantificação" (Strauss; Corbin, 2008, p. 23). Sua utilização não se deve à preferência do pesquisador pela adoção de procedimentos qualitativos, mas à dificuldade para obtenção de resultados quantitativos em determinados campos. É o que ocorre quando se busca, por exemplo, conhecer a essência de um fenômeno, descrever a experiência vivida de um grupo de pessoas, compreender processos integrativos ou estudar casos em profundidade. Trata-se, portanto, de uma modalidade de pesquisa de caráter essencialmente interpretativo, em que os pesquisadores estudam as coisas dentro de seu contexto natural, buscando entender ou interpretar os fenômenos em termos dos significados que as pessoas lhes atribuem (Denzin; Lincoln, 2018).

Assim entendida, a pesquisa qualitativa enfatiza as qualidades de entidades e de processos que não são apresentadas em termos de quantidade, intensidade ou frequência. Ela enfatiza a natureza socialmente construída da realidade, o relacionamento íntimo entre o pesquisador e o que é estudado, além das restrições situacionais que moldam a investigação (Denzin; Lincoln, 2023).

Podem ser encontradas muitas definições de pesquisa qualitativa. Mesmo porque ela não se fundamenta em uma teoria ou paradigma exclusivo, mas em diferentes tradições, como a fenomenologia, o interacionismo simbólico e o pós-modernismo. Assim, uma estratégia adotada por muitos autores tem sido a de definir o conceito de pesquisa qualitativa mediante o esclarecimento de suas características essenciais em contraste com a denominada pesquisa quantitativa. É o que fazem autores como Creswell (2014), Tashakkori, Teddlie e Teddlie (1998) e Merriam e Tisdell (2016), que indicam como características da pesquisa qualitativa:

*Reconhecimento da existência de múltiplas realidades.*

A pesquisa quantitativa apoia-se no pressuposto filosófico de que existe uma única realidade, que é objetiva. Para a pesquisa qualitativa, a realidade é múltipla, já que pode ser vista por múltiplas perspectivas. Esses pressupostos são de natureza ontológica, pois se referem à natureza da realidade.

### Reconhecimento de que os resultados da pesquisa são afetados pela relação entre o pesquisador e o objeto de estudo.

Na pesquisa quantitativa admite-se que essa relação não afeta o resultado das pesquisas. Todavia, na pesquisa qualitativa o pesquisador é considerado instrumento primário da coleta de dados, já que na condição de ser humano adapta-se à realidade que está investigando. Assim, embora procurando manter distância em relação ao objeto de pesquisa, não é capaz de manter absoluta objetividade. Essas questões são de natureza epistemológica, visto se referirem à natureza do conhecimento.

### Ênfase no processo indutivo.

Diferentemente do que ocorre na pesquisa quantitativa, em que se parte de hipóteses deduzidas de um arcabouço teórico, na pesquisa qualitativa o pesquisador procede preferencialmente pela via indutiva, coletando dados mediante entrevistas, observações e análise documental com o propósito de estabelecer *a posteriori* categorias, hipóteses e teorias. Essas questões são de natureza metodológica, visto se referirem aos procedimentos adotados para se chegar a um fim.

### Reconhecimento do papel dos valores da pesquisa.

Na pesquisa quantitativa o pesquisador procura afastar seus valores pessoais com vistas à obtenção de resultados o mais objetiva possível. Já na pesquisa qualitativa, o pesquisador reconhece que esta é carregada de valores e que vieses estão sempre presentes. Essas questões estão no campo da Axiologia, que é a disciplina filosófica que busca entender a natureza dos valores.

*Foco no significado e no entendimento.*

O que se pretende com a pesquisa qualitativa é compreender como as pessoas interpretam suas experiências e constroem seus mundos. A principal preocupação do pesquisador passa a ser, portanto, a de compreender o fenômeno segundo a perspectiva dos participantes e não a sua.

*Menor ênfase na generalização e na relação causa-efeito.*

Na pesquisa quantitativa busca-se generalizar os resultados obtidos em uma amostra para todo um universo e também estabelecer relações causa-efeito, ou seja, identificar os fatores que influenciam a ocorrência dos fenômenos. Na pesquisa qualitativa essa preocupação não está presente. O que se busca é uma rica descrição do fenômeno que está sendo estudado. O que não impede os pesquisadores de construir hipóteses para posterior verificação mediante procedimentos quantitativos.

## 1.2 Tradições de pesquisa qualitativa

A pesquisa qualitativa tem uma longa tradição nas ciências sociais. O estudo desenvolvido pelo antropólogo Bronislaw Malinowski (1922) com nativos da Melanésia pode ser caracterizado como pesquisa qualitativa. Da mesma forma, os estudos conduzidos pelos sociólogos da Escola de Chicago ao longo das décadas de 1920 e 1930, como os que investigaram uma gangue (Thrasher, 1927), um jovem delinquente (Shaw, 1930), uma dançarina profissional (Cressey, 1932) e uma família negra (Frazier, 1932). Também as pesquisas desenvolvidas por Barker e Wright (1955), desde o fim da década de 1940, no campo da denominada psicologia ecológica, que buscaram estudar o comportamento humano em suas relações com o ambiente, podem ser definidas como qualitativas.

Esses estudos não foram definidos por seus autores como qualitativos, embora se caracterizassem pelo estudo das pessoas em seus ambientes naturais e por amplas descrições, que são características básicas das pesquisas qualitativas. O mesmo aconteceu com outros estudos desenvolvidos ao longo das décadas seguintes. Somente a partir da década de 1970 é que se verifica o interesse em definir estudos dessa natureza como qualitativos, bem como estabelecer sistemas de classificação. Trabalhos como os elaborados por Magoon (1977), Rist (1977), Smith (1983), Patton (1980), Lincoln e Guba (1985), Jacob (1987) e Lancy (1993) mostraram-se muito úteis nesse sentido.

Importante trabalho nesse sentido foi o desenvolvido por John W. Creswell (2014), que organiza as pesquisas qualitativas segundo cinco tradições: pesquisa narrativa, pesquisa fenomenológica, teoria fundamentada, pesquisa etnográfica e estudo de caso. Cada uma dessas tradições é apresentada a seguir.

### 1.2.1 Pesquisa narrativa

Consiste basicamente em reunir histórias sobre determinado assunto com o propósito de conhecer um fenômeno específico. É, pois, uma maneira de entender a experiência mediante a "colaboração entre pesquisador e participantes, ao longo do tempo, em um local ou série de locais e em interação social com eles" (Clandinin; Connely, 2000, p. 20).

As pesquisas narrativas envolvem, na maioria dos casos, mais de um indivíduo. É importante, no entanto, garantir que seja obtida uma narrativa ou história de vida de cada participante. Embora as narrativas sejam geralmente obtidas mediante entrevistas, beneficiam-se também com a obtenção de dados por outros meios, tais como observações nos locais relatados, análise de fotografias, cartas e outros documentos, bem como o depoimento de pessoas com quem o entrevistado tenha convivido.

### 1.2.2 Pesquisa fenomenológica

A pesquisa fenomenológica busca a interpretação do mundo por meio da consciência do sujeito formulada com base em suas experiências. Seu objeto é, portanto, o próprio fenômeno tal como se apresenta à consciência, e não o que se pensa ou afirma a seu respeito. Seu foco não está nos próprios participantes ou no mundo em que habitam, mas no significado ou na essência da inter-relação entre os dois (Merriam; Tisdell, 2016). É, pois, a mais genuína das pesquisas qualitativas, e pode-se afirmar que todas as pesquisas qualitativas conduzidas com rigor incorporam elementos da pesquisa fenomenológica.

A pesquisa fenomenológica enfatiza o "mundo da vida" (*lebenswelt*), ou seja, o mundo como o experimentamos imediatamente, e não como o conceituamos, categorizamos ou refletimos. Assim, tudo tem que ser estudado como é para o sujeito, afastado de rotinas e preconceitos cotidianos e sem interferência de qualquer regra de observação. O objeto da pesquisa fenomenológica pode ser uma coisa concreta, mas também uma sensação, uma recordação, não importando se este constitui uma realidade ou uma aparência. A pesquisa fenomenológica conclui-se com a intuição das essências, ou seja, com o que faz de alguma coisa ser aquilo que é e sem o qual não poderia ser (Husserl, 2012). Trata-se, portanto, de uma modalidade de pesquisa que requer do pesquisador uma atitude filosófica.

### 1.2.3 Pesquisa etnográfica

A pesquisa etnográfica tem como propósito estudar as pessoas em seu próprio ambiente mediante a utilização de procedimentos como entrevistas em profundidade e observação participante. Trata-se, portanto, de pesquisa voltada para o estudo de uma comunidade, organização ou grupo que compartilha uma cultura.

A pesquisa etnográfica clássica ocorre no âmbito de uma comunidade, envolvendo detalhada descrição de sua cultura como um todo. Os pesquisadores são, de modo geral, pessoas estranhas à comunidade, que tendem a permanecer em campo por longos períodos de tempo. A maioria das pesquisas etnográficas conduzidas contemporaneamente, no entanto, não se volta para o estudo da cultura como um todo. Elas ocorrem no âmbito de unidades menores, como empresas, escolas, hospitais, clubes e parques. E não se valem unicamente das técnicas de entrevista e de observação participante, mas também da análise de documentos, artefatos, fotografias, vídeos etc. Qualquer que seja, porém, a extensão do local em que se desenvolve, na pesquisa etnográfica o pesquisador descreve e interpreta os padrões decorrentes do compartilhamento de linguagem, símbolos, crenças e comportamentos pelos componentes de um determinado grupo.

### 1.2.4 Teoria fundamentada nos dados (grounded theory)

A teoria fundamentada nos dados (*grounded theory*) contrasta com as posições adotadas pelos formuladores tradicionais de teorias em sociologia, que eram construídas com bases aprioristicas. Trata-se, pois, de um tipo de teoria fundamentada nos dados obtidos em campo, especialmente ações, interações e processos sociais das pessoas. Assim, seus formuladores (Glaser; Strauss, 1967) postulam que, com base em dados coletados de indivíduos, principalmente mediante entrevistas, identificam-se ações, interações e processos dos quais emerge uma teoria completa.

O pesquisador inicia a pesquisa com o propósito explícito de elaborar uma teoria capaz de explicar um processo, uma ação ou uma interação relativos a um tópico. Os dados são geralmente obtidos mediante aplicação de entrevistas a uma amostra de indivíduos que tenham tido experiência com o assunto a ser estudado. Após a efetivação de cada entrevista, o pesquisador analisa sucessivamente os dados utilizando o procedimento denominado "comparação constante". Passa, então, por um processo que envolve várias codificações até chegar à emergência de uma teoria. Não se trata, todavia, de uma teoria no sentido clássico, mas de uma teoria substantiva, que se refere a uma realidade específica. É uma teoria parcimoniosa, que explica apenas o que é verificado no campo imediato de estudo, sem tentar algum tipo de generalização.

### 1.2.5 Estudo de caso

Estudo de caso, conforme a definição de Yin (2015, p. 18), é "uma investigação empírica que investiga um fenômeno contemporâneo dentro de seu contexto, especialmente quando os limites entre o fenômeno e o contexto não estão claramente definidos". Trata-se de um estudo caracterizado pela profundidade. A ocorrência do fenômeno estudado dá-se no momento em que se realiza a pesquisa. O caso pode ser constituído por um indivíduo, um grupo, um evento, um processo, uma comunidade, ou mesmo uma cultura, e é estudado como um todo.

Uma característica importante do estudo de caso é que não separa o fenômeno de seu contexto. Difere, pois, de outras modalidades de pesquisa, como o experimento e o levantamento de campo, que deliberadamente reduzem a quantidade de variáveis a serem estudadas e, consequentemente, isolam o fenômeno de seu contexto.

Em sua modalidade mais clássica, estuda-se um caso único. Mas são mais frequentes na atualidade os casos múltiplos, que podem se referir a vários indivíduos, várias organizações etc. Os casos também podem ser intrínsecos ou instrumentais (Stake, 1995). No estudo de caso intrínseco, o foco do pesquisador está no próprio caso. Seu interesse é conhecê-lo em profundidade. Porque se trata de um caso único, muito raro, extremo, discrepante, ou porque o pesquisador, por alguma razão, sente-se em condições de estudá-lo de forma privilegiada. Já no estudo de caso instrumental, o pesquisador não tem interesse no caso em si. O caso é escolhido por se admitir que seu estudo pode auxiliar na ampliação do conhecimento de determinado assunto ou na contestação de alguma convicção que de alguma forma tem sido aceita.

Para garantir a qualidade dos dados, o estudo de caso requer a utilização de múltiplas fontes de informação. Os dados obtidos com entrevistas, por exemplo, devem ser contrastados com dados obtidos mediante outros procedimentos, observação e análise de documentos. Na análise dos dados, privilegia-se o método da triangulação, que consiste na combinação de diferentes métodos de coleta de dados, diferentes populações, diferentes momentos ou diferentes perspectivas teóricas, com vistas a consolidar suas conclusões a respeito do fenômeno investigado.

## 1.3 Fundamentos da pesquisa qualitativa básica

Quando se analisa a produção científica em ciências sociais, constata-se a existência de muitos relatos de pesquisas que são definidas como qualitativas. Porém, uma análise detida dos procedimentos indica que muitas delas não podem, a rigor, ser tratadas dessa forma. Há pesquisas que são definidas como qualitativas simplesmente porque seus resultados não estão expressos em números. O que constitui uma forma simplista de reconhecer pesquisas qualitativas.

Há, porém, pesquisas que, embora não podendo ser definidas como narrativas, fenomenológicas, etnográficas, nem como estudos de caso ou teorias fundamentadas nos dados, procuram descobrir ou compreender fenômenos, processos ou perspectivas e visões de mundo das pessoas envolvidas. Essas pesquisas, que não têm foco na cultura ou na construção de uma teoria, nem são estudos de caso intensivos de uma simples unidade ou sistema restrito, foram definidas por Merriam (1998) como pesquisas qualitativas básicas ou genéricas.

As pesquisas qualitativas básicas não se confundem com os estudos classicamente definidos como exploratórios, pois estes, embora geralmente fundamentados em dados qualitativos, não têm como propósito a realização de uma pesquisa definitiva, mas um estudo preliminar, que visa fornecer *insights* ou construir hipóteses para pesquisas futuras. O propósito das pesquisas qualitativas básicas – como o de outras pesquisas qualitativas – é proporcionar uma rica descrição de experiências humanas. O que as distingue das pesquisas identificadas com as clássicas tradições de pesquisa qualitativa está no fato de não serem guiadas por um conjunto explícito ou estabelecido de premissas filosóficas na forma de uma das metodologias conhecidas ou mais estabelecidas (Caelli; Ray; Mill, 2003). O que pode significar que os autores desses estudos não reivindicam nenhum ponto de vista metodológico para efetivar seus estudos. Ou que combinam abordagens ou métodos distintos com o propósito de criar algo novo. Ou, ainda, que, por não dominarem adequadamente os métodos qualitativos já estabelecidos, acabam por realizar estudos em que seu caráter qualitativo é determinado apenas pelo fato de não promoverem nenhum tipo de quantificação. São, pois, estudos indicados quando o tópico não for apropriado para algum dos modelos clássicos de pesquisa qualitativa (Perci *et al.*, 2015). Mas, como as demais pesquisas qualitativas, são conduzidas em ambiente natural, tendo como propósito conhecer a experiência de vida das pessoas e o significado que lhe atribuem no contexto de sua interação social e cultural, conduzindo, habitualmente, à identificação de padrões recorrentes que permeiam os dados ou no delineamento de um processo.

Como já foi indicado, os autores empenhados na condução de pesquisas qualitativas básicas não reivindicam a vinculação a um determinado paradigma de pesquisa. Mas é possível admitir que a pesquisa qualitativa básica se vincula, de alguma forma, ao construtivismo e ao pragmatismo. Com efeito, de acordo com o paradigma construtivista, todo conhecimento é construído a partir da experiência humana. Os fenômenos sociais e seus significados estão sendo continuamente construídos pelos atores sociais. Assim, os pesquisadores empenhados na realização de pesquisas qualitativas buscam compreender a realidade a partir da própria experiência dos indivíduos (Lincoln; Lynham; Guba, 2011). É o que também ocorre nas pesquisas qualitativas básicas, em que os pesquisadores, valendo-se principalmente de amplas descrições verbais, buscam fornecer respostas acerca de tópicos relevantes no mundo real (Patton, 2015).

O pragmatismo, por sua vez, fundamenta-se na concepção de que as ideias são instrumentos da ação, que só têm utilidade quando produzem efeitos práticos (James, 1985). Assim, o pesquisador pragmático tende a realizar pesquisas de valor utilitário, direcionadas à ação. É o que se verifica de maneira bem evidente nas pesquisas realizadas nos mestrados profissionais em campos como o da educação, da administração e do serviço social, em que se espera que seus resultados sejam aplicáveis, que produzam algum benefício prático.

A vinculação ao construtivismo ou ao pragmatismo pode não estar explicitamente declarada no trabalho da maioria dos pesquisadores que definem sua pesquisa como qualitativa básica. É, porém, uma situação que ocorre também nas pesquisas quantitativas nas ciências humanas. A utilização de procedimentos quantitativos na pesquisa identifica-se intimamente ao positivismo, embora a maioria dos autores não o declare em seus trabalhos.

## 1.4 Críticas à pesquisa qualitativa básica

Embora constituindo uma modalidade já bem consolidada de pesquisa, a pesquisa qualitativa básica ainda é objeto de críticas. Uma delas é a de não se envolver profundamente com pressupostos filosóficos, não articulando, portanto, um conjunto consistente de regimes de conhecimento, pressupostos teóricos, paradigmas ou estruturas. Kahlke (2014), embora reconhecendo que essa crítica possa ser pertinente em muitos casos, adverte que ela repousa na suposição de que há única metodologia original, essencial ou verdadeira. Essa concepção, no entender desse autor, é falsa, pois as metodologias são construções históricas, divisões teóricas e sujeitas a debate. Argumenta, também, que as pesquisas qualitativas básicas não são necessariamente "ateóricas". Com efeito, a finalidade da teoria na pesquisa não é apenas de lhe conferir seus fundamentos, mas também estabelecer um sistema conceitual adequado, fazer previsões e indicar a metodologia apropriada. Por isso recomenda aos pesquisadores que se localizem teoricamente ao se empenharem em uma pesquisa qualitativa básica.

Outra crítica é a de que a abordagem qualitativa básica carece de uma literatura crítica robusta, que seria crucial para o desenvolvimento de qualquer estrutura de pesquisa (Hunt, 2009; Thorne *et al.*, 2004). De fato, a ausência de uma literatura metodológica robusta tem implicações em termos de qualidade da pesquisa. E é provável que muitos pesquisadores iniciantes decidam fazer pesquisa qualitativa genérica por acharem que é "mais fácil de fazer". Mas essa postura não corresponde à totalidade das pesquisas qualitativas básicas. Elas requerem dos pesquisadores que conheçam bem a metodologia, que a utilizem bem, não apenas para aplicá-la ao contexto em que se realiza a pesquisa, mas para manipulá-la e combiná-la com outras metodologias, bem como para justificar as escolhas feitas (Kahlke, 2014).

## Leituras recomendadas

CRESWELL, John W. *Investigação qualitativa e projeto de pesquisa*. 3. ed. Porto Alegre: Penso, 2014.

Esse livro trata dos fundamentos filosóficos e teóricos da pesquisa qualitativa e aborda cinco tradições dessa modalidade de pesquisa: pesquisa narrativa, pesquisa etnográfica, pesquisa fenomenológica, *grounded theory* e estudo de caso.

GIL, Antonio Carlos. *Como fazer pesquisa qualitativa*. São Paulo: Atlas, 2021.

Esse livro se inicia com considerações de natureza filosófica acerca do alcance da pesquisa qualitativa, passando pelo esclarecimento acerca das múltiplas modalidades de pesquisa qualitativa e se conclui com o detalhamento das etapas seguidas em sua execução.

## Questões para revisão e reflexão

1. O que significa dizer que os resultados de uma pesquisa não são indiferentes à atitude do pesquisador em relação à ciência?
2. Em que o método dedutivo se distingue do método indutivo?
3. Por que se pode dizer que a realidade é socialmente construída?
4. Por que na pesquisa fenomenológica o objeto da pesquisa pode ser tanto uma realidade quanto uma aparência?
5. Identifique alguns fenômenos para os quais recomenda-se a investigação mediante um estudo de caso.
6. Por que é importante determinar que a pesquisa qualitativa básica se volte para a compreensão dos fenômenos sob a perspectiva dos próprios indivíduos?

# 2

# Como formular o problema na pesquisa qualitativa básica

A finalidade da pesquisa é fornecer respostas aos problemas propostos. Assim como qualquer pesquisa, a qualitativa básica se inicia com a formulação de um problema. Uma exigência fundamental é que esse problema seja adequado à modalidade de pesquisa que se deseja conduzir. Torna-se necessário, então, considerar que não são todos os problemas que podem ser solucionados com o auxílio de pesquisas qualitativas; muito menos de pesquisas qualitativas básicas. Assim, o presente capítulo trata das situações para as quais a pesquisa qualitativa básica é recomendada e dos critérios a serem observados para garantir a formulação de problemas adequados. Após estudá-lo cuidadosamente, você será capaz de:

- identificar razões que justificam a realização de pesquisas qualitativas;
- reconhecer situações em que a pesquisa qualitativa básica pode ser conduzida com rigor;
- formular problemas adequados a pesquisas qualitativas básicas.

## 2.1 Quando fazer pesquisa qualitativa

A pesquisa qualitativa básica está no mesmo nível das mais rigorosas pesquisas qualitativas. Não pode, portanto, ser encarada como um substituto fácil para um estudo quantitativo. Há situações em que ela é apropriada, mas há muitas outras para as quais não é recomendada. Antes, pois, de se empenhar na realização de uma pesquisa qualitativa – e especialmente de uma pesquisa qualitativa básica –, o pesquisador precisa atentar para as situações para as quais ela é apropriada. Nesse sentido é que, com o apoio de autores como Creswell (2014), Denzin e Lincoln (2011) e Merriam e Tisdell (2016), podem ser identificadas situações nas quais se recomenda usar a pesquisa qualitativa:

*Quando existe um problema ou uma questão que precisam ser explorados.*

Há problemas que, embora relevantes, são apresentados de maneira tão ampla que impossibilitam a realização de uma pesquisa satisfatória. Também há problemas para os quais a literatura disponível não fornece um quadro de referência suficiente para equacioná-lo. Torna-se necessário, portanto, identificar variáveis que não podem ser medidas facilmente ou escutar vozes silenciadas, situações para as quais a pesquisa qualitativa é apropriada.

*Quando se deseja uma compreensão mais aprimorada e detalhada da questão.*

As pesquisas quantitativas possibilitam um conhecimento claro e preciso da realidade que se pretende investigar, mas não garantem maior profundidade na compreensão da experiência humana. Já na pesquisa qualitativa, o pesquisador fala diretamente com as pessoas, sem o entrave de um conjunto de perguntas preestabelecidas, preferencialmente em suas casas ou locais de trabalho, favorecendo uma compreensão mais complexa e detalhada da questão.

### Quando se deseja empoderar pessoas.

Como a pesquisa qualitativa permite que as pessoas compartilhem suas histórias e permite também ouvir suas vozes e minimizar a relação de poder que ocorre frequentemente entre pesquisador e participantes de um estudo, constitui uma forma de empoderamento.

### Quando se deseja escrever com um estilo literário ou flexível.

A pesquisa qualitativa possibilita a comunicação em estilo narrativo, poético e artístico, sem as limitações das estruturas formais da escrita acadêmica.

### Quando se deseja conhecer os contextos ou ambientes em que os participantes vivenciam o problema.

Na pesquisa quantitativa, visando conferir maior precisão e objetividade, busca-se isolar o fenômeno de seu contexto. Já na pesquisa qualitativa, busca-se estudar o fenômeno em conexão com o contexto e o ambiente em que o fenômeno se manifesta.

### Quando se deseja acompanhar uma pesquisa quantitativa para ajudar a explicar teorias ou modelos causais.

É cada vez mais frequente a realização de pesquisas de métodos mistos, em que os resultados de pesquisas quantitativas são complementados com os resultados de pesquisas qualitativas, tornando os resultados mais robustos.

*Quando se deseja desenvolver teorias substantivas.*

Os pesquisadores qualitativos não buscam construir teorias de amplo alcance, mas sim teorias que possibilitam a compreensão do que ocorre em populações ou situações específicas.

## 2.2 Quando fazer pesquisa qualitativa básica

As razões acima elencadas referem-se à pesquisa qualitativa como um todo. Como, porém, existem diversas tradições de pesquisa qualitativa, há problemas que se ajustam mais a uma modalidade que a outra. Quando, por exemplo, se deseja descrever um caso em profundidade, o delineamento mais adequado é o estudo de caso. Quando o problema enfatiza a cultura de uma comunidade ou de uma organização, recorre-se à pesquisa etnográfica. Quando o que interessa é obter um relato da vida dos participantes, adota-se a pesquisa narrativa. Quando o interesse é conhecer um fenômeno em sua essência, o delineamento mais adequado é a pesquisa fenomenológica. Quando se deseja teorizar acerca do problema, recomenda-se a construção de uma teoria fundamentada.

Os pesquisadores empenhados na realização de pesquisas qualitativas básicas não têm pretensões como as acima elencadas, pois tais pesquisas não têm fundamento em um quadro de referência filosófico ou teórico. Mas para que sejam válidas é importante garantir minimamente que apresentem as características de pesquisa qualitativa, ou seja: foco no significado e no entendimento, reconhecimento do pesquisador como instrumento primário de coleta de dados, ênfase no processo indutivo e rica descrição dos achados da pesquisa (Merriam; Tisdell, 2016). Assim, a pesquisa qualitativa básica pode assumir características de um ou mais delineamentos decorrentes das várias tradições de pesquisa qualitativa. É possível, portanto, identificar um grande número de problemas cuja solução pode ser pretendida pela adoção da pesquisa qualitativa básica. Mas é preciso considerar que há problemas cuja solução requer a adoção de um delineamento específico, vinculado a uma das tradições de pesquisa qualitativa. Assim, fica mais fácil compreender quando a pesquisa básica é adequada considerando as situações para as quais não é. Não é, portanto, recomendável propor a realização de pesquisa qualitativa básica para:

### Estudar um caso em profundidade.

Quando se deseja estudar um ou mais casos em profundidade, o mais adequado é propor a realização de um estudo de caso. Isto porque essa modalidade de estudo envolve múltiplas fontes de evidência. Yin (2015) discute seis fontes: documentação, registros em arquivos, entrevistas, observação direta, observação participante e artefatos físicos. Embora muitas outras fontes possam ser identificadas, tais como: fotografias, vídeos, histórias de vida, técnicas projetivas, postagens em redes sociais etc. Na pesquisa qualitativa básica utiliza-se geralmente a entrevista como técnica fundamental para coleta de dados. Embora possam ser utilizadas outras técnicas, como grupos focais, análise de documentos e observações, estas assumem um caráter complementar. Nos estudos de caso, as múltiplas fontes têm o mesmo peso, já que os dados são analisados mediante triangulação, procedimento em que os resultados obtidos mediante diferentes fontes são cotejados com vistas a consolidar as conclusões a respeito do fenômeno que está sendo estudado.

### Compreender um fenômeno em sua essência.

Este é um propósito das pesquisas caracterizadas como fenomenológicas. Claro que a pesquisa qualitativa básica também se propõe a investigar um fenômeno, mas permanece no nível da descrição. Já a pesquisa fenomenológica busca investigar a essência invariante do fenômeno, ou seja, o que transcende às suas próprias e mutáveis aparências. Requer, pois, a adoção de um conjunto de atitudes e procedimentos que possibilitem chegar àquilo que Husserl (2012) denominou "redução eidética" (do grego *eidos*, que significa ideia ou essência). Recomenda-se para tanto que o pesquisador adquira familiaridade com os pressupostos filosóficos da fenomenologia.

### *Enfocar um fenômeno sob a perspectiva da cultura.*

Este é um propósito da pesquisa etnográfica, em que se propõe uma análise profunda de comportamentos, crenças, valores, costumes e outras características de uma comunidade ou organização. A pesquisa qualitativa básica mostra-se insuficiente para o alcance desse propósito, já que para isto são requeridos múltiplos procedimentos para coleta de dados e longa permanência do pesquisador no local em que ocorre o fenômeno. Muitos desses estudos requerem até mesmo a "observação participante", que é a técnica de investigação em que o pesquisador se envolve com atividades, interesses e afetos da comunidade ou organização que é objeto da pesquisa.

### *Construir uma teoria.*

É possível, mediante procedimentos qualitativos de pesquisa, construir uma teoria substantiva, ou seja, uma teoria parcimoniosa, relacionada a uma realidade ou população específica, sem a intenção de generalizar para realidades ou populações mais amplas. Para tanto, procede-se à denominada construção da teoria fundamentada, que se faz mediante comparações constantes até chegar à "saturação teórica" (Strauss; Corbin, 2008). Na pesquisa qualitativa básica, o que se busca é a identificação de padrões, sob a forma de categorias, fatores ou temas, mas sem um propósito explícito de teorização.

Como se pode verificar, são muitas as situações que podem invalidar a proposta de realização de uma pesquisa qualitativa básica. Sobretudo quando se considera essa abordagem como uma metodologia independente (Ellis; Hart, 2023). Com efeito, o que se pretende com a pesquisa qualitativa básica é determinar as crenças e opiniões subjetivas dos participantes sobre as suas experiências externas, ou experiências que fazem parte da sua vivência no mundo (Percy *et al.*, 2015). Seu foco não está na cultura nem na construção de uma teoria nem na investigação profunda de um caso. Mas sim em uma compreensão em áreas específicas com base em como as pessoas vivenciam o mundo e seu lugar nele. O que ela visa, essencialmente, é proporcionar descrições detalhadas da experiência vivida, mas sem a profundidade da pesquisa fenomenológica.

## 2.3 Como formular problemas

Como foi indicado no início do capítulo, toda pesquisa se inicia com um problema. Esse problema pode derivar de interesses teóricos, como ocorre, geralmente, na pesquisa acadêmica, quando o pesquisador identifica uma lacuna no corpo de conhecimentos relativos a determinado assunto. Mas também pode derivar de interesses práticos. Neste caso, a situação mais frequente é a de um profissional de educação, administração ou de qualquer outra área, que se depara no ambiente de trabalho com uma situação que requer solução.

Embora constitua a primeira etapa de uma pesquisa, a formulação de um problema adequado é um processo que passa por muitas idas e vindas, requerendo muita dedicação do pesquisador. Para favorecer esse processo existem vários procedimentos. Convém primeiramente ler livros, periódicos e outros materiais que tratam do assunto. Convém também discutir com pessoas que detêm reconhecidos conhecimentos na área, ou que tiveram experiência prática a respeito. Convém, ainda, proceder a uma revisão da literatura disponível para verificar o que já se sabe e o que ainda não se sabe a respeito. Essa atividade pode ser importante para verificar o que tem sido produzido num determinado campo do conhecimento e para identificar lacunas nesse campo, favorecendo a formulação e o refinamento do problema de pesquisa.

A revisão da literatura é um dos tópicos mais polêmicos nos relatórios de pesquisa qualitativa, especialmente de pesquisa qualitativa básica. Isto porque há pesquisadores que, possivelmente influenciados pela perspectiva fenomenológica ou pela teoria fundamentada, não julgam conveniente estabelecer um arcabouço teórico prévio. Mas, por outro lado, há pesquisadores que, desde a formulação do problema de pesquisa qualitativa básica, apoiam-se em bases teóricas e no resultado de outras pesquisas, o que implica uma revisão da literatura existente, mesmo sem a elaboração de um texto específico para apresentar seus resultados.

É pouco provável – principalmente no ambiente acadêmico – que se dispense a realização de uma revisão de literatura, não apenas para auxiliar na formulação do problema, mas em muitas outras etapas da pesquisa, já que desempenha papel importante na definição dos procedimentos de coleta e análise de dados e também na elaboração do relatório final da pesquisa. Evidentemente, essa é uma tarefa cuja eficácia depende fundamentalmente das habilidades do pesquisador, mas pode ser facilitada por ferramentas de IA, como: Pesquisa Rabbit, que faz a busca de artigos relevantes para o tema e apresenta uma visão interativa de um autor ou artigo, Open Knowledge Maps, que oferece uma visão temática abrangente do tema de pesquisa, destacando as principais áreas, e Connected Papers, que elabora gráficos que conectam os artigos entre si, facilitando a navegação e a descoberta de novos estudos relevantes.

Uma importante contribuição para a formulação dos problemas de pesquisa vem sendo dada pelas tecnologias de inteligência artificial (IA), que possibilitam, além de economizar tempo e recursos, elevar a qualidade e relevância do problema de pesquisa formulado. Com efeito, tecnologias como Elicit, Consensus e SciSpace, desenvolvidas para auxiliar pesquisadores nas várias etapas de pesquisa, assim como assistentes virtuais de IA, como ChatGPT, Gemini e Bing, podem contribuir significativamente na formulação de problemas de pesquisa. Essas ferramentas contribuem para identificação de lacunas no conhecimento, identificação de novas áreas de pesquisa, identificação de tendências emergentes e refinamento do problema de pesquisa.

Embora as ferramentas de IA possam fornecer valiosos *insights* e aumentar a eficiência na formulação de problemas de pesquisa, estas devem ser usadas como complementares, atentando sempre para suas capacidades e limitações. A formulação de problemas de pesquisa continua sendo um processo colaborativo e iterativo, em que a experiência e o julgamento humanos desempenham papéis fundamentais.

O processo de formulação do problema na pesquisa qualitativa básica é semelhante ao das outras modalidades de pesquisa qualitativa. O que importa é garantir que o problema possa ser adequadamente tratado. Torna-se necessário, portanto, considerar primeiramente se a proposta de pesquisa não se enquadra em algumas das situações elencadas na seção anterior para as quais a pesquisa qualitativa básica é insuficiente.

Após considerar que o problema proposto não se enquadra nessas situações, é preciso garantir que se refira à experiência humana e tenha um caráter interpretativo. É preciso garantir também que os resultados proporcionem uma rica descrição do fenômeno a ser investigado. Se não houver essas garantias, é pouco provável que a pesquisa possa ser definida como qualitativa, mesmo que seus resultados não sejam expressos em termos numéricos.

Por uma questão de ordem prática, convém que o problema seja apresentado como pergunta, já que favorece o desenvolvimento dos procedimentos posteriores. Com efeito, quando o pesquisador formula uma pergunta, tende a se empenhar na busca de uma resposta que, quando é efetivamente alcançada, corresponde aos resultados obtidos na pesquisa.

Também é comum apresentar o problema mediante a formulação de objetivos. É preciso, porém, tomar muito cuidado ao se decidir pela formulação de objetivos, pois, de acordo com a visão dominante, estes devem ser claros, precisos, objetivos e passíveis de mensuração, características estas que são próprias da pesquisa quantitativa. Seja, por exemplo, o problema: "Como professores descrevem suas primeiras experiências com a educação online emergencial?" Esse problema indica claramente o propósito de abordar a educação online segundo a perspectiva dos próprios professores. Suponha-se que para essa pesquisa fosse formulado o objetivo "Descrever as primeiras experiências dos professores com a educação online emergencial". Da maneira como está formulado, esse objetivo não enfatiza a compreensão do fenômeno sob a perspectiva dos professores. Antes, busca um conhecimento "objetivo" do fenômeno, que apropriadamente poderia ser obtido mediante um conjunto de perguntas feitas aos professores acerca dos primeiros contatos com os alunos. Seria um procedimento mais adequado a uma pesquisa quantitativa. Uma forma mais adequada de redação de um objetivo para investigar o problema sob uma perspectiva qualitativa poderia ser: "Obter descrições de professores acerca de suas primeiras experiências com a educação online emergencial". Note-se como a primeira formulação conduz ao conhecimento objetivo do fenômeno e a segunda leva à compreensão do fenômeno do ponto de vista dos professores.

## 2.4 Como evitar a formulação de problemas inadequados à pesquisa qualitativa básica

Quando o pesquisador se decide pela realização de uma pesquisa qualitativa básica, a primeira questão a considerar é a da adequação dessa modalidade de pesquisa para solução do problema proposto. Ou seja, precisa garantir que seu problema não conduz a uma pesquisa fenomenológica, narrativa ou etnográfica, à construção de uma teoria fundamentada ou a um estudo de caso. Mas para que a pesquisa se mostre adequada é preciso também evitar alguns tipos de problemas. Com base na literatura disponível e na experiência acumulada em pesquisa, são indicados, a seguir, alguns tipos de problema que devem ser evitados.

*Problemas que conduzem a respostas do tipo "sim ou não".*

A pesquisa qualitativa requer a formulação de perguntas que possibilitem a obtenção de uma rica descrição da experiência dos participantes. Seja, por exemplo, o problema: "Professores com formação em ciências humanas utilizam mais amplamente técnicas de trabalho em grupo do que professores com formação na área de ciências exatas?" Questões como esta são inadequadas para uma pesquisa qualitativa porque não ajudam a compreender como os participantes descrevem sua experiência e atribuem significado a ela.

*Problemas que sugerem relação causa-efeito.*

Identificar fatores que contribuem para a ocorrência de um fenômeno constitui um dos mais desejados desfechos de pesquisa científica. Mas é preciso reconhecer que a pesquisa qualitativa, de modo geral, não é adequada para o alcance de objetivos dessa natureza. Ela é mais adequada para pesquisas de cunho exploratório ou descritivo.

Para verificar a existência de relação causa-efeito é preciso estabelecer algum tipo de controle das variáveis. Seja, por exemplo, o problema de pesquisa: "Crianças que passaram por situações de *bullying* na escola tendem a apresentar dificuldades no relacionamento interpessoal?" Uma resposta adequada a esse problema exigiria que fossem consideradas diversas variáveis capazes de afetar o relacionamento interpessoal além daquelas relacionadas à vida escolar. Assim, convém evitar na formulação dos problemas termos como: causa, efeito, impacto, influência, relacionamento, comparação etc.

### Problemas que requerem mensuração.

Nada impede que na pesquisa qualitativa sejam utilizados dados numéricos. Eles podem ser importantes para complementar dados. Mas o problema deve ser formulado de maneira a não conduzir à obtenção de dados quantitativos dos participantes. Por exemplo, o problema "Quais experiências no relacionamento com subordinados são consideradas com mais frequência por gestores" requer algum tipo de quantificação. Devem, pois, ser evitados problemas com termos como: quanto, quantos, quais, em que medida, com que frequência etc.

### Problemas relacionados a temas sensíveis.

É natural que muitas pessoas não se sintam à vontade para falar abertamente acerca de sua experiência com eventos que lhes foram constrangedores, ou que possam ser alvo de reprovação social. Falar sobre a experiência pessoal com situações de *bullying*, por exemplo, é difícil para muitas pessoas. O que pode vir a dificultar a obtenção de respostas satisfatórias.

*Problemas que possam complicar o recrutamento.*

É preciso garantir que sejam recrutadas pessoas que se disponham a ser entrevistadas. Mas pode ocorrer que, por conta do tópico de pesquisa, que pode ser constrangedor para muitos participantes, ou da própria dificuldade para encontrar pessoas com o perfil adequado ao problema, torne-se muito difícil coletar os dados requeridos.

*Problemas para os quais a coleta de dados poderá demandar muito tempo de pesquisa.*

A realização de pesquisas é sempre influenciada pelas limitações de recursos e de tempo. Nas pesquisas acadêmicas, o prazo para concluir a pesquisa é um dos fatores que mais contribuem para seu insucesso. Pode ocorrer que a pesquisa exija uma quantidade relativamente grande de entrevistas, que devem ser realizadas com pessoas geograficamente distantes ou ao longo de um determinado período de tempo. Um número pequeno de entrevistas pode comprometer a qualidade dos dados.

*Problemas que envolvem construtos psicológicos.*

Não é recomendável a formulação de problemas que envolvam construtos psicológicos, ou seja, conceitos que representam significados ou interpretações atribuídas a eventos não concretos que, embora existindo no mundo real, só podem ser observados e definidos por meio do comportamento ou de reações determinadas (Kostere; Kostere, 2021). Esses construtos, por exemplo, personalidade, autoestima e mecanismos de defesa, embora usados na linguagem comum, necessitam de uma definição clara e procedimentos empíricos bem-definidos. O que não se mostra viável em uma pesquisa qualitativa básica. Se, porém, o pesquisador tiver real interesse na pesquisa acerca de determinado construto, o que pode fazer é tentar expressar o seu significado em termos concretos. O que nem sempre é possível, pois os construtos são utilizados exatamente para a investigação de entidades complexas. Só se torna possível quando o conceito puder ser fortemente identificado mediante a observação de um comportamento concreto. Seja o exemplo de problema: "Como empregados experimentam e descrevem situações de *burnout* no ambiente de trabalho?" Se o pesquisador definir o conceito de *burnout* para o entrevistado, poderá influenciar na resposta. Mas ele pode solicitar do entrevistado que descreva sua experiência em termos concretos. O que seria possível com o problema formulado da seguinte maneira: "Como empregados descrevem e experimentam situações de trabalho desgastantes?"

É preciso considerar que em qualquer pesquisa há questões éticas que se iniciam já na formulação do problema. Assim, na pesquisa qualitativa básica, como em qualquer outra, é preciso garantir, entre outros aspectos, que o problema seja relevante, que objetive beneficiar a sociedade ou um grupo específico, que considere os possíveis riscos aos participantes e a minimização de potenciais danos, e não envolva interesses pessoais ou financeiros do pesquisador (Brasil, 2016).

## 2.5 Como elaborar questões de pesquisa

Como foi indicado, na pesquisa qualitativa propõe-se que o problema seja formulado de uma forma bem geral. Diferentemente do que ocorre na pesquisa quantitativa, em que o problema deve ser formulado da maneira mais específica possível. Também foi indicado que, na pesquisa qualitativa, os investigadores geralmente não mencionam objetivos ou hipóteses. Mas é possível tornar o problema mais específico mediante questões de pesquisa, que indicam áreas para investigação.

As questões de pesquisa não podem ser confundidas com as questões para a entrevista, que é a técnica mais utilizada para coleta de dados na pesquisa qualitativa básica. Estas derivam das questões de pesquisa, mas são bem mais específicas e podem ser reformuladas ao longo do processo de pesquisa.

Creswell (2014) recomenda que se estabeleça uma questão central abrangente e a seguir questões específicas. A questão central deve ser a mais ampla possível para abranger todas as questões específicas. Logo, não devem ser em grande número. Na pesquisa qualitativa básica não se recomenda mais do que seis ou sete questões, incluindo a central. Convém iniciar essas questões por palavras como "o que" ou "como" em vez de "por que".

Seguem-se exemplos de questões para uma pesquisa referente ao significado atribuído por técnicos desportivos que trabalham com crianças ao seu próprio trabalho:

Questão central:

- O que significa para um técnico desportivo trabalhar com crianças?

Questões específicas:

- Como os técnicos desportivos descrevem seu trabalho com crianças?
- Que atividades são consideradas mais difíceis, constrangedoras ou delicadas em seu trabalho?
- Que desafios os técnicos desportivos identificam em seu trabalho?
- O que consideram como boas práticas em seu trabalho?
- Como representam o seu trabalho?

Considere-se que, diferentemente das questões para entrevista, estas não estão sendo formuladas para o entrevistado, mas para o próprio pesquisador, para que decida acerca da maneira mais adequada para coletar os dados requeridos. Se a questão central fosse formulada para o entrevistado, assumiria uma formulação do tipo: "No seu entender, o que significa para um técnico desportivo trabalhar com crianças?" Esse é um tema abordado no capítulo 4, que se refere ao uso da entrevista na pesquisa qualitativa básica.

### Leitura recomendada

KOSTERE, Sandra; KOSTERE, Kim. *The generic qualitative approach to a dissertation in the social sciences: a step by step guide.* Londres: Routledge, 2021.

Esse livro – que trata especificamente da pesquisa qualitativa básica – dedica todo o segundo capítulo à formulação do problema de pesquisa. Os autores apresentam exemplos de evolução de problemas de pesquisa até que estes atinjam uma dimensão viável para pesquisa.

## Vídeos recomendados

CENTRO DE TECNOLOGIA UFRJ. Revisão de literatura usando ferramentas de IA, 2023. Disponível em: https://www.youtube.com/watch?v=SwmcFgr5lfY&t=3291s&ab_channel=CentrodeTecnologia UFRJ – Acesso em: 20 maio 2024.

Esse vídeo aborda a utilização de ferramentas de pesquisa para analisar e processar artigos acadêmicos automaticamente, facilitando a seleção e avaliação de conteúdo relevante.

MENDES, Camila. Sites e inteligência artificial para a sua revisão de literatura, 2023. Disponível em: https://www.youtube.com/watchv =efeG4dkF0ZM&t=610s&ab_channel=CamilaMendes – Acesso em: 30 maio 2024.

Nesse vídeo a autora apresenta três sites úteis para agilizar a revisão de literatura: Open Knowledge Maps, Connected Papers e Consensus.

## Questões para revisão e reflexão

1. Demonstre como a pesquisa qualitativa básica se apoia em fundamentos de outras tradições de pesquisa qualitativa.
2. Discuta a importância da revisão da literatura na pesquisa qualitativa básica.
3. Quais os riscos da utilização de tecnologias na formulação de problemas de pesquisa?
4. Por que as questões de pesquisa devem ser formuladas para o próprio pesquisador?
5. Identifique alguns problemas éticos com que se depara o pesquisador ao formular problemas e questões na pesquisa qualitativa básica.

# 3

# Como elaborar o plano de pesquisa

Após a definição clara do problema de pesquisa, passa-se à determinação das principais decisões a serem tomadas ao longo do processo de pesquisa. O que corresponde à elaboração do plano de pesquisa, documento importante para sua aprovação no âmbito das instituições de ensino universitário. Esse plano envolve, entre outros itens, a definição da modalidade de pesquisa, a seleção dos participantes e a definição dos procedimentos de coleta e análise de dados. Assim, este capítulo é dedicado à elaboração do plano de pesquisa. Após estudá-lo cuidadosamente, você será capaz de:

- justificar a adoção da pesquisa qualitativa básica como modalidade adequada aos propósitos da pesquisa;
- determinar o tipo de amostragem mais adequado à modalidade de pesquisa proposta;
- definir a forma de seleção dos participantes;
- definir procedimentos para coleta e análise de dados;
- reconhecer implicações éticas no planejamento da pesquisa;
- identificar as informações requeridas para a elaboração do plano.

## 3.1 Como justificar a realização da pesquisa qualitativa básica

Um dos primeiros itens a serem inseridos no plano é a definição da modalidade de pesquisa a ser realizada. O que requer clareza acerca das razões que determinaram sua escolha, sobretudo no caso da pesquisa qualitativa básica, para evitar a percepção (muitas vezes justificada) de que foi determinada por uma pretensa facilidade em sua realização.

Como já foi esclarecido no capítulo anterior, o pesquisador opta pela pesquisa qualitativa básica quando não subordina sua efetivação a um dos quadros de referência clássicos da pesquisa qualitativa, como a fenomenologia, a etnografia e a teoria fundamentada. Essa tarefa é mais simples no caso das pesquisas profissionais em campos como o da educação e da administração, que visam aprimorar ações ou desenvolver produtos de interesse profissional. Como nesses casos as razões para a realização da pesquisa geralmente se originam de um problema prático constatado no campo de determinada organização, justifica-se a exclusão da necessidade de apoio em uma base filosófica ou teórica bem-definida. Mas ainda é imprescindível justificar por que se requer a compreensão do fenômeno sob a perspectiva dos participantes, visto que muitos dos problemas dessa natureza conduzem à realização de modalidades clássicas de pesquisa quantitativa, como os levantamentos de campo (*surveys*).

Já no caso de pesquisas acadêmicas, a justificativa pode ser mais complexa. Como essas pesquisas têm como propósito ampliar o nível de conhecimento em determinado campo, torna-se necessário definir com clareza o que já se sabe e o que ainda não se sabe a respeito. O que passa a requerer uma revisão sistemática da literatura, que envolva principalmente os periódicos científicos de maior relevância no campo escolhido. É uma tarefa que pode demandar um tempo considerável, bem como a redefinição do problema de pesquisa.

## 3.2 Como selecionar os participantes

A determinação da população refere-se à definição das pessoas que podem participar do estudo. O que implica definir critérios de inclusão. Esses critérios se referem às características que devem ter as pessoas elegíveis para a pesquisa. Na pesquisa qualitativa básica, o principal critério é o de que os participantes tenham tido experiência com o fenômeno em estudo e que tenham condições de descrevê-la verbalmente. Outro critério refere-se à determinação de características dos participantes que possam ser relevantes. O que implica definir características como idade, gênero, nível educacional, local de residência etc.

Considere-se, por exemplo, o problema de pesquisa: "Como professores mais idosos descrevem a experiência com a educação online emergencial?" Para cumprir o primeiro critério é preciso selecionar professores que tiveram experiência com a educação online emergencial. Para atingir o outro critério é preciso determinar a idade dos participantes. A condição de "mais idosos" é imprecisa. Requer-se, portanto, a definição da faixa etária a que devem pertencer os professores para serem considerados na pesquisa.

Como a maioria das pesquisas não envolve a totalidade da população considerada, torna-se necessário selecionar uma amostra. Mas, diferentemente do que ocorre nas pesquisas quantitativas em que o interesse é selecionar uma amostra representativa da população, na pesquisa qualitativa a amostragem é selecionada com base em um critério referente ao tópico que se deseja pesquisar. Patton (2015) identifica 40 tipos de amostragem dessa natureza.

Na pesquisa qualitativa básica, o que interessa fundamentalmente é selecionar uma amostra de pessoas que tenham tido experiência com o fenômeno. Assim, uma das modalidades de amostragem a ser adotada pode ser a amostragem intencional, em que se seleciona um grupo rico em informações específicas que possam revelar e esclarecer padrões importantes. Mas pode ser interessante também adotar a amostragem de casos intensivos, que são ricos em informações que manifestam intensamente o fenômeno de interesse. Ou a amostragem de variação máxima, que focaliza casos que, a despeito das variações, apresentam um padrão comum.

Uma questão recorrente no processo de amostragem é a definição acerca do tamanho da amostra. Mas diferentemente da pesquisa quantitativa, em que, mediante procedimentos estatísticos se determina o número ideal de participantes, o que mais se recomenda na pesquisa qualitativa é que se atinja o que é denominado "saturação" da amostra, cujo processo se encerra quando novos casos não indicarem alterações significativas nos resultados. É, pois, o tipo de amostragem realizado por comparações constantes, definido pelos criadores da teoria fundamentada (Glaser; Strauss, 1967), em que não é necessário determinar *a priori* a extensão da amostra. Mas a experiência indica que as pesquisas qualitativas básicas envolvem, de modo geral, de 15 a 20 participantes.

## 3.3 Como recrutar os participantes

Diferentemente do que ocorre na pesquisa quantitativa, em que os participantes são selecionados mediante procedimentos capazes de minimizar a influência de variáveis externas e promover a generalização dos resultados, na pesquisa qualitativa a seleção dos participantes é intencional. Ou seja, são selecionados participantes capazes de proporcionar as informações requeridas para descrever sua própria experiência.

O processo de seleção de participantes, na maioria dos casos, envolve as etapas:

1. *Identificação dos potenciais participantes.* A primeira etapa é a de identificar participantes apropriados, que deve ser feita com base no problema de pesquisa. Os participantes devem estar aptos para informar acerca do fenômeno que está sendo estudado. Por exemplo, em um estudo referente à experiência de professores com estudantes com déficit de atenção, os potenciais participantes são professores que ao longo de sua carreira tiveram experiência com estudantes que apresentavam essa característica. Mas poderá ser conveniente também, em virtude de possíveis questões de pesquisa, considerar a natureza da instituição educativa e o reconhecimento do sucesso dos professores envolvidos.

2. *Determinação do número de participantes.* Na pesquisa qualitativa básica, o tamanho da amostra – como já foi indicado – não é predeterminado, dependendo da quantidade de pessoas necessárias para saturar o fenômeno que está sendo investigado. O que significa que a seleção poderá se efetivar em diferentes momentos, em um ciclo iterativo, ocorrendo a definição do número de participantes apenas no fim da última entrevista ou da obtenção dos últimos resultados obtidos mediante outras técnicas de coleta de dados.

3. *Seleção dos participantes.* É possível selecionar os participantes em locais em que estes trabalham, como, por exemplo, escolas, empresas, repartições públicas e hospitais. Também é possível pedir aos participantes que sugiram outros participantes que tenham características semelhantes. Ou entrar em contato com pessoas que não participam da pesquisa, mas que possam indi-

car outras pessoas. As redes sociais também podem ser utilizadas com essa finalidade.

4. *Refinamento da amostra*. Cabe analisar bem os participantes para refinar a amostra, eliminando da pesquisa aqueles sobre os quais paire alguma suspeita de que não atendam aos requisitos ou que tenham sido desonestos nas informações acerca de suas características.

É necessário, tanto no recrutamento dos participantes quanto nas demais etapas da pesquisa, garantir o atendimento dos requisitos éticos para sua realização. Assim, nessa etapa, é preciso garantir que a seleção não favoreça ou prejudique qualquer grupo particular, e que todos os grupos relevantes tenham oportunidade de participar. Quando a pesquisa envolve populações vulneráveis, como crianças, idosos e pessoas com deficiência, é necessário definir proteções adicionais para garantir que sua seleção seja ética e que os participantes não sejam explorados. Também é necessário garantir que os indivíduos não se sintam coagidos a participar da pesquisa. É preciso, ainda, garantir que não haja estigmatização ou exposição desnecessária dos participantes durante o processo de seleção. Em suma, é preciso certificar-se de que os riscos envolvidos na seleção são justificados pelos potenciais benefícios da pesquisa, conforme estabelece a Resolução n. 510/2016, do Conselho Nacional de Saúde, que dispõe sobre as especificidades éticas da pesquisa nas Ciências Humanas e Sociais (Brasil, 2016).

## 3.4 Como planejar a coleta e a análise de dados

Os dados na pesquisa qualitativa básica são obtidos principalmente mediante entrevistas em profundidade, visto constituir a técnica mais adequada para estabelecer proximidade entre pesquisador e pesquisado e obter ricas descrições da experiência dos participantes. Em muitas pesquisas é utilizada de forma exclusiva. Mas outras técnicas podem ser utilizadas para a complementação de dados, como questionário aberto, observação, grupos focais e análise documental. Essas técnicas são explicitadas nos capítulos 4 e 5.

Para análise dos dados, utiliza-se com maior frequência a análise temática, que é um método interpretativo de análise. Ela possibilita organizar e descrever os dados de forma sistemática, bem como identificar padrões ou temas. A explicitação desse método é apresentada no capítulo 6.

## 3.5 Como reconhecer implicações éticas no planejamento da pesquisa

Questões éticas aparecem ao longo de todo o processo de pesquisa. Precisam, portanto, ser identificadas já em seu planejamento. Mesmo porque, na maioria das instituições de pesquisa, existem comitês de ética aos quais devem ser submetidos os projetos que envolvem seres humanos. Nesse sentido, cabe lembrar que, no Brasil, para a aprovação dos projetos, esses comitês subordinam-se ao que estabelece a Resolução n. 510, do Conselho Nacional de Saúde, de 7 de abril de 2016, já citada, que dispõe sobre as normas aplicáveis em ciências humanas e sociais cujos procedimentos envolvam a utilização de dados diretamente obtidos com os participantes das pesquisas.

Uma primeira questão é a que se refere à relevância da pesquisa. Como toda pesquisa social é de alguma forma invasiva, cabe indagar se a pesquisa que está sendo proposta é realmente necessária. Será que o assunto ainda não foi suficientemente estudado? Será que a pesquisa proposta poderá contribuir com novos conhecimentos? As potenciais vantagens da pesquisa superam as desvantagens? Não se pode esquecer que as pesquisas com seres humanos devem ser guiadas pelo princípio da beneficência, que se refere à condição de agir em prol do benefício dos outros (Beauchamp; Childress, 2002).

Uma segunda questão refere-se aos potenciais participantes da pesquisa. Justifica-se expô-los, principalmente quando o universo da pesquisa é constituído por pessoas que de alguma forma são vulneráveis, como crianças, internados, populações indígenas, pessoas idosas ou que vivem em situação difícil? Não se quer dizer que não se deva fazer pesquisa com integrantes desses grupos, mas que é necessário ponderar acerca da conveniência de sua realização, com vistas a minimizar os riscos.

Uma terceira questão refere-se à seleção dos participantes. De modo geral, nas pesquisas seleciona-se uma amostra da população. Assim, em determinado grupo em que as pessoas se conhecem, algumas poderão ser escolhidas para participar, e outras não. Não participar da pesquisa poderá, então, se tornar muito irritante para algumas pessoas. Cabe aos pesquisadores refletir sobre as possíveis consequências dos processos de participação ou de inclusão de participantes na amostra (Flick, 2009).

Uma quarta questão refere-se ao princípio da não maleficência (Beauchamp; Childress, 2002), que significa que é preciso garantir aos participantes da pesquisa que não sofram quaisquer desvantagens, prejuízos ou riscos por dela participar. Trata-se de uma questão que em algumas situações pode se evidenciar de forma dramática. Considere-se o exemplo apresentado por Flick (2009). Em uma pesquisa com pessoas em condições desfavorecidas de vida, como a de moradores de rua, o maior interesse do pesquisador não está nas pessoas, mas em sua condição de vida. Assim, pode-se admitir que o pesquisador estará interessado em que essas pessoas permaneçam nesse estado desfavorável pelo menos até que sejam entrevistadas.

Uma quinta questão, por fim, refere-se aos pesquisadores, que devem estar preparados para o contato com os participantes da pesquisa. Requer-se, portanto, que esses pesquisadores tenham passado por um processo de capacitação. Basta considerar que o estabelecimento de uma conversa franca com os participantes pode ser algo desafiador para muitos pesquisadores. Sobretudo quando a pesquisa trata de temas delicados como sexualidade, doenças crônicas e convicções políticas.

## 3.6  O que deve conter o plano da pesquisa

O planejamento da pesquisa concretiza-se mediante a elaboração de um plano, que é o documento explicitador das ações a serem desenvolvidas ao longo do processo de pesquisa. Embora haja muita flexibilidade em sua elaboração, alguns elementos são essenciais. O plano deve esclarecer acerca do problema de pesquisa, apresentar a justificativa da escolha e formulação do problema, justificar a escolha da pesquisa qualitativa básica como o tipo de pesquisa, determinar os procedimentos de coleta e análise de dados e orientar acerca dos meios a serem utilizados na divulgação de seus resultados. Deve, também, esclarecer acerca das medidas adotadas para prevenir infrações éticas. Deve, ainda, informar o cronograma a ser seguido no desenvolvimento da pesquisa e proporcionar a indicação dos recursos humanos, materiais e financeiros necessários para assegurar o êxito da pesquisa.

## 3.7  Como elaborar o projeto de pesquisa

Para aprovar a realização de uma pesquisa, as instituições solicitam dos pretendentes que elaborem um projeto de pesquisa. Ao longo deste capítulo, tratou-se do plano de pesquisa. Cabe, então, distinguir entre plano e projeto. Ambos são documentos que se referem às decisões a serem tomadas ao longo do processo de pesquisa. Plano é um termo habitualmente utilizado para indicar os passos a serem seguidos desde a formulação do problema até a elaboração do relatório. Já o projeto, além de indicar esses passos, busca também esclarecer acerca dos meios a serem utilizados para viabilizar a pesquisa, o que inclui recursos – humanos, materiais e financeiros.

O projeto é um documento de interesse do pesquisador e de sua equipe. Mas também é de interesse de outros agentes. Para quem contrata os serviços de pesquisa, o projeto constitui documento fundamental, pois esclarece acerca do que será pesquisado e apresenta a estimativa dos custos. Quando se espera que determinada entidade financie a pesquisa, o projeto é o documento requerido, pois permite saber se o empreendimento se ajusta aos critérios por ela definidos, ao mesmo tempo que possibilita uma estimativa da relação custo-benefício. Também se poderia arrolar entre os interessados no projeto os potenciais beneficiários de seus efeitos e os pesquisadores da mesma área.

A maioria das instituições de ensino e pesquisa elabora modelos de projetos para orientar seus pesquisadores. Embora apresentem diferenças, sua estrutura é baseada na Norma Brasileira (ABNT NBR 15287:2011), que trata dos elementos pré-textuais, textuais e pós-textuais.

O principal elemento pré-textual é a capa, que deve indicar: (1) nome da entidade, (2) nome(s) do(s) autor(es), (3) título, (4) subtítulo (se houver), (5) local (cidade) da entidade e (6) ano de depósito (entrega). O segundo elemento é a folha de rosto, que, além das informações contidas na capa, indica o tipo de projeto de pesquisa, a finalidade e o nome do orientador. Outros elementos pré-textuais, que são opcionais, são: lista de ilustrações, lista de tabelas, lista de abreviaturas e siglas, e lista de símbolos. O último elemento pré-textual é o sumário.

Os elementos textuais envolvem uma parte introdutória, que, no caso da pesquisa qualitativa básica, deve expor o tema do projeto, o problema a ser abordado, o(s) objetivo(s) a ser(em) atingido(s) e a(s) justificativa(s). Envolve também o referencial teórico que o embasa (se houver), a metodologia a ser utilizada, assim como os recursos e o cronograma necessários à sua consecução.

Esses elementos devem ser apresentados preferencialmente em seções específicas. A primeira seção corresponde à Introdução, que se inicia com a apresentação do tema do projeto e do problema que se pretende solucionar com a pesquisa, assim como sua delimitação espacial e temporal. Também são incluídos nessa seção os objetivos e as questões de pesquisa (se houver). Cabe ainda na Introdução apresentar a justificativa da pesquisa, que poderá incluir: (1) fatores que determinaram a escolha do tema, sua relação com a experiência profissional ou acadêmica do autor, assim como sua vinculação à área temática ou linha da pesquisa do curso de pós-graduação, quando for o caso; (2) argumentos relativos à importância da pesquisa do ponto de vista teórico, metodológico ou empírico; (3) referência à sua possível contribuição para o conhecimento de alguma questão teórica ou prática ainda não solvida.

Uma segunda seção pode corresponder à Revisão da Literatura, que muitas vezes não é explicitamente definida no projeto. O que interessa nessa seção é contextualizar teoricamente o problema e apresentar o estágio atual de conhecimento acerca da questão. Isto implica o esclarecimento dos pressupostos teóricos que dão fundamentação à pesquisa, bem como das contribuições proporcionadas por investigações empíricas já realizadas.

Uma outra seção, que é imprescindível, é a que trata do método adotado. Sua organização varia conforme as peculiaridades de cada estudo. Todavia, há algumas informações que são fundamentais, como: 1) tipo de pesquisa (pesquisa qualitativa básica); 2) população e amostra; 3) coleta de dados; e 4) análise dos dados.

Também é necessário elaborar o cronograma de execução, indicando o tempo necessário para o desenvolvimento de cada uma das etapas da pesquisa. E quando o projeto envolve obtenção de financiamento, destina-se uma seção correspondente ao orçamento da pesquisa.

O elemento pós-textual mais importante é constituído pelas referências, que devem ser elaboradas conforme a ABNT NBR 6023. Há outros elementos, que são opcionais: glossário, apêndices, anexos e índices.

## Leituras recomendadas

GIL, Antonio Carlos. *Como elaborar projetos de pesquisa*. 7. ed. São Paulo: Atlas, 2022.

O penúltimo capítulo desse livro é dedicado ao cálculo do tempo e do custo do projeto e o último à redação do projeto de pesquisa, envolvendo, entre outros tópicos, a estrutura do texto, o estilo e os aspectos gráficos.

BRASIL. CONSELHO NACIONAL DE SAÚDE. Resolução n. 510, de 7 de abril de 2016. *Diário Oficial da União*: seção 1, n. 98, p. 44-46, 24 maio 2016.

Essa Resolução constitui o marco regulatório fundamental para a realização de pesquisas em Ciências Humanas e Sociais no Brasil. Ela estabelece diretrizes e normas específicas para pesquisas nessa área, abrangendo tópicos como: definição do objeto de pesquisa, consentimento livre e esclarecido, riscos e benefícios da pesquisa, confiabilidade e anonimato e atribuições dos Comitês de Ética em Pesquisa.

## Questões para revisão e reflexão

1. Considere a adequação das modalidades de amostragem intencional, de casos intensivos e de variação máxima em uma pesquisa que tem como objetivo analisar a experiência de pacientes que passaram longos tempos em unidades de terapia intensiva.
2. Discuta as estratégias para selecionar participantes em uma pesquisa cujo problema se refere a uma condição social envolta em preconceitos no meio social em que se pretende pesquisar.
3. Identifique alguns relatórios de pesquisa e analise criticamente os procedimentos indicados para a seleção dos participantes.
4. Discuta a questão das incorreções metodológicas como inobservância de requisitos éticos na pesquisa.
5. Considere como a elaboração inadequada de projetos de pesquisa é um mau exemplo de conduta científica e que pode ter graves consequências.

# 4

# Como conduzir entrevistas

A entrevista é a técnica de coleta de dados mais utilizada na pesquisa qualitativa básica. O que se justifica, pois constitui o principal procedimento para obter ricas descrições acerca da experiência das pessoas. Embora seja caracterizada por uma relação social muito atípica: duas pessoas, que provavelmente não se conhecem, falam por um tempo relativamente longo e depois se separam para não mais se reverem. Mas, como acentuam Brinkmann e Kvale (2018), é exatamente essa estranheza que torna a entrevista uma técnica tão produtiva. O fato de o pesquisador estar fora da vida social do pesquisado é que o torna uma pessoa preparada para ouvir o que ele tem a dizer, até mesmo algumas de suas confidências.

Este capítulo é dedicado à entrevista como técnica de coleta de dados na pesquisa qualitativa básica. Após estudá-lo cuidadosamente, você será capaz de:

- reconhecer a importância da entrevista na pesquisa qualitativa básica;
- caracterizar as modalidades de entrevista conversacional e semiestruturada;
- elaborar guias de entrevista;
- identificar cuidados a serem tomados na condução de entrevistas.

## 4.1 Que modalidades de entrevista são adequadas à pesquisa qualitativa básica

A entrevista é considerada a mais importante técnica para coletar dados, não apenas em pesquisas qualitativas básicas, mas também nas outras modalidades de pesquisa qualitativa e nas pesquisas quantitativas do tipo *survey*. Por sua flexibilidade, é adotada como técnica fundamental de investigação em muitos dos campos das ciências sociais, podendo-se afirmar que parte importante do desenvolvimento dessas ciências nas últimas décadas foi obtido graças à sua aplicação como técnica de coleta de dados. De fato, a entrevista é uma técnica adequada para verificar como são as pessoas, o que fazem, o que fizeram, o que pretendem fazer, o que sabem, o que valorizam, o que almejam, o que temem, no que creem e muito mais. Ela possibilita acessar temas de difícil observação, reconstruir eventos, obter dados em profundidade, observar as características dos entrevistados e conhecer a experiência interna das pessoas, relacionada a suas crenças, seus sentimentos e valores.

Uma importante vantagem da entrevista é a sua flexibilidade, já que pode assumir diferentes formatos. Pode ser totalmente estruturada, com enunciados de pergunta que remetem a um conjunto definido de alternativas, ou rigorosamente não diretiva, a ponto de confundir-se com uma simples conversação. Assim, a entrevista pode se ajustar aos mais diversos objetivos de pesquisa e adaptar-se aos mais diversos segmentos populacionais. Pode também ser desenvolvida em mais de uma sessão e em diferentes ambientes, como residência, escola ou local de trabalho.

Dois formatos de entrevista podem ser utilizados na pesquisa qualitativa básica: a entrevista semiestruturada e a entrevista não estruturada. A **entrevista semiestruturada** é orientada por um guia constituído pelos principais tópicos que o pesquisador pretende desenvolver ao longo da entrevista. Nessa modalidade, o entrevistador dispõe de ampla liberdade para formular as questões, procurando apenas garantir que as respostas sejam significativas em relação aos propósitos da pesquisa. Para que a entrevista tenha eficácia, os itens do guia devem ser ordenados, guardando relação entre si. O entrevistador faz poucas perguntas diretas e deixa o entrevistado falar livremente conforme refere as pautas assinaladas. Somente quando se afasta delas é que o entrevistador intervém, mas de maneira sutil, para preservar a espontaneidade do processo.

Essa modalidade tem a vantagem de manter a estrutura da entrevista ao mesmo tempo que oferece ampla margem de liberdade para conduzi-la. Como o pesquisador define previamente os tópicos que considera importantes, passa a ter mais facilidade para ir fazendo as perguntas, conferindo maior rapidez à entrevista. Mas pode ocorrer que sejam deixadas de lado questões importantes não contempladas no guia.

A entrevista semiestruturada é muito utilizada por pesquisadores que experimentam dificuldade para realizar entrevistas menos diretivas. Mas estes podem correr o risco de adotar uma postura menos empática com os entrevistados, que podem se sentir desestimulados a falar acerca de suas experiências. O que significa que a escolha da entrevista semiestruturada não pode ser determinada por uma pretensa facilidade em sua condução.

Na **entrevista não estruturada** – também conhecida como conversacional ou não diretiva –, o entrevistador não dispõe de um conjunto de perguntas previamente estabelecidas, nem mesmo de uma pauta para orientar a formulação de perguntas. O que o entrevistador procura é, tendo em mente o problema de pesquisa, estabelecer uma conversação informal que lhe permita a obtenção de respostas significativas. Assim, depois de ter dado uma instrução inicial, visando nortear o entrevistado sobre o tema da pesquisa, confere-lhe o máximo de liberdade para tratar o assunto, esforçando-se, porém, no sentido de manter o foco no tópico principal da pesquisa (Poupart, 2010). É, pois, uma modalidade de entrevista que pode se confundir com uma simples conversação, embora com um objetivo definido.

Como não há uma agenda de perguntas que o pesquisador é obrigado a cumprir, a flexibilidade se manifesta ao longo de toda a entrevista, possibilitando-lhe desenvolver um relacionamento amigável com os participantes. Estes, por sua vez, podem ficar mais à vontade para esclarecer suas dúvidas acerca dos propósitos da entrevista. E como não há uma estrutura para o processo de entrevista, os pesquisadores, de modo geral, levam mais tempo para concluí-la.

## 4.2 Como elaborar o guia de entrevista

Com vistas a orientar as perguntas a serem feitas, elabora-se o Guia de Entrevista, que é um documento que apresenta o tópico de pesquisa, o problema, os subtópicos e as questões a serem formuladas. Constitui, pois, elemento importante para estruturar a entrevista. É um instrumento fundamental nas pesquisas quantitativas, em que as entrevistas tendem a ser muito estruturadas. Mas também constitui elemento importante na pesquisa qualitativa básica, principalmente naquelas em que se adota a entrevista semiestruturada.

Nas entrevistas conversacionais ou não estruturadas, a rigor, não se elabora um guia para a entrevista, já que esta pode ser entendida como uma conversa livre entre entrevistador e entrevistado. Com efeito, Polkinghorn (2005) caracteriza essa modalidade de entrevista como uma dialética de dar e receber, visto que o entrevistador segue as tendências de conversação abertas pelo entrevistado e orienta a conversa para produzir um relato de sua experiência.

O mais indicado para a realização de uma entrevista não estruturada é que o pesquisador, com base unicamente no problema de pesquisa, formule logo em seu início uma pergunta norteadora. Essa pergunta tem a finalidade de estimular os participantes a fornecerem descrições detalhadas de sua experiência. É um procedimento muito semelhante ao adotado nas pesquisas fenomenológicas. Nessas pesquisas, Giorgi (1975) sugere formular a primeira questão desta forma: "Você poderia descrever com o máximo de detalhes possível...?" As demais perguntas seguiriam a resposta do entrevistado. Caso o entrevistador deseje detalhes adicionais, solicita ao entrevistado que conte mais a respeito dessa parte específica.

Considere-se, por exemplo, uma entrevista a ser realizada em uma pesquisa orientada pelo problema "Como estudantes negros descrevem sua experiência de ingressar em um curso universitário beneficiados pelo sistema de cotas?" A entrevista pode ser iniciada com a pergunta norteadora: "Conte-me acerca de sua experiência de ingressar em um curso universitário beneficiado pelo sistema de cotas". Todas as outras perguntas serão, então, determinadas pela maneira como esta for respondida. O que ressalta a necessidade de estar o entrevistador bem-preparado para conduzir a entrevista, já que o entrevistado pode se sentir à vontade para fornecer qualquer resposta.

Já nas entrevistas semiestruturadas é preciso elaborar previamente um guia. Cabe ressaltar que esse guia não pode conter questões como as que são feitas em *surveys*, que envolvem respostas do tipo "sim" ou "não" ou constituídas por alternativas ao enunciado da questão. As questões propostas devem ser formuladas de maneira a criar uma atmosfera que facilite o diálogo aberto. Perguntas muito estruturadas acerca do tema proposto podem dificultar o entendimento dos entrevistados acerca da maneira como eles realmente veem as coisas (Bogdan; Taylor, 1975).

As primeiras questões do guia são denominadas perguntas principais; a primeira pode ser constituída por uma versão apropriada do problema de pesquisa, que leve o participante a contar sua experiência. Pode ser feita, portanto, da mesma forma como na entrevista não estruturada. As demais questões, por sua vez, devem ser elaboradas de forma a proporcionar o enriquecimento da resposta à pergunta inicial.

É importante ressaltar que todas as perguntas precisam estar diretamente relacionadas ao problema de pesquisa. Perguntas não diretamente relacionadas conduzem a respostas irrelevantes; fornecem uma grande quantidade de dados que simplesmente serão descartados quando se proceder à sua análise.

As questões, evidentemente, não podem ser indutoras, pois desta forma os dados irão refletir os vieses do pesquisador. Elas precisam ser amplas, imparciais, abertas a interpretações únicas da experiência e estimular o participante a fornecer uma descrição detalhada do tópico que está sendo explorado (Charmaz, 2009). É importante garantir que os entrevistados sintam que podem compartilhar sua experiência livremente, sem qualquer pressão para que aspectos da experiência focar e compartilhar. As questões incluídas no guia nem sempre são apresentadas em uma sequência estrita. Cabe ao entrevistador decidir qual o momento mais adequado para abordar os tópicos ao longo da entrevista. É possível até mesmo excluir perguntas ou mudar sua forma.

As melhores questões são aquelas que provocam as respostas mais longas do entrevistado. Não devem, portanto, ser elaboradas questões que possam ser respondidas por uma única palavra. Nem perguntas do tipo "sim" ou "não". Nem perguntas que solicitem escolha entre itens.

Uma técnica recomendada para desenvolver a lista de questões consiste em dividir o tópico em seus componentes essenciais e elaborar uma pergunta para abordar cada parte (Rubin; Rubin, 2012).

As perguntas não podem ser muito numerosas. Embora não se possa definir um número ideal, a experiência indica que em boa parte das pesquisas esse número varia de quatro a sete.

Segue um exemplo de elaboração da lista de perguntas:

Tópico da pesquisa: Retorno às atividades presenciais

Problema de pesquisa: Como estudantes do Ensino Fundamental descrevem o processo de retorno às atividades presenciais após a pandemia da covid-19?

*Questão inicial*: Por favor, descreva de maneira bem detalhada sua experiência de retorno às atividades presenciais após a pandemia da covid-19.

*Subtópico 1*: Suspensão das atividades presenciais

Questão principal: Como você se sentiu quando ficou sabendo que as aulas seriam suspensas por causa da pandemia?

*Subtópico 2*: Experiência com o ensino remoto

Questão principal: Descreva sua experiência com o ensino em casa durante a pandemia.

*Subtópico 3*: Anúncio de retorno

Questão principal: Como você se sentiu quando ficou sabendo que voltaria para as aulas na escola?

*Subtópico 4*: Retomada das atividades presenciais

Questão principal: Descreva detalhadamente sua experiência com a volta das atividades na escola.

Embora o guia envolva um pequeno número de questões, isso não significa que apenas estas serão feitas. Ao longo da entrevista podem ser formuladas muitas outras. Algumas podem até mesmo ser incluídas no guia. A maioria, porém, é definida ao longo da entrevista, a partir das respostas fornecidas. Essas questões são definidas como questões de acompanhamento, pois ajudam a manter o entrevistado no caminho, conversando e focando o tópico que está sendo explorado. Elas são usadas para garantir que diferentes dimensões da experiência sejam exploradas, para que os pesquisadores não acabem com um relato superficial do que aconteceu e de como o fenômeno de interesse foi experimentado (Rubin; Rubin, 2012).

Essas perguntas são importantes porque respostas incompletas ou obscuras são frequentes nas entrevistas. Daí a necessidade de estimular o entrevistado a fornecer uma resposta mais satisfatória. Isso vai depender, naturalmente, da argúcia do entrevistador. Mas existem alguns formatos de perguntas apropriados para as diferentes situações:

- Para solicitar descrições:
  - "Poderia me falar a respeito de...?"
  - "Como você descreveria...?"
  - "O que vem à sua mente quando...?"
- Para obter opiniões:
  - "O que você acha de...?"
  - "Em sua opinião...?"
  - "Você acredita que...?"
- Para solicitar confirmação:
  - "Você quer dizer que...?"
  - "Isso significa que...?"
  - "Seria correto afirmar que...?"
- Para buscar aprofundamento:
  - "Você poderia dizer mais sobre...?"
  - "Você poderia dar um exemplo de...?"
  - "Você poderia dar mais detalhes...?"
- Para verificar possíveis contradições:
  - "Mas você não disse que...?"
  - "Como pode ser isso, se...?"
  - "Por que não..."
- Para buscar comparações:
  - "O que isto tem a ver com...?"

- "Qual a relação disto com...?"
- "Como isto se relaciona com...?"
- Para obter especificação
  - "Pode me esclarecer um pouco mais...?
  - "Pode me detalhar um pouco...?
  - "Pode me dar mais alguma informação a respeito...?

## 4.3 Que cuidados precisam ser tomados na condução da entrevista

A condução da entrevista é o momento em que mais se evidencia a necessidade de preparação do pesquisador. Muitos são os aspectos que necessitam ser considerados nesse processo: objetivos e questões da pesquisa, características dos participantes, local e circunstâncias de aplicação etc. Como a entrevista é um instrumento caracterizado pela flexibilidade, não há como definir um roteiro rígido que indique claramente os procedimentos a serem seguidos. Mas alguns aspectos devem ser considerados.

*Conhecimento prévio dos entrevistados.*

Nem sempre é possível um contato prévio com a pessoa a ser entrevistada. Mas é desejável obter informações a seu respeito, porque, dispondo de conhecimentos acerca de algumas de suas características, o entrevistador poderá definir uma estratégia geral para abordagem, bem como adotar táticas específicas para estimular o fornecimento de respostas.

*Determinação do local para realização da entrevista.*

O local em que ocorre afeta a qualidade da entrevista. Convém, portanto, que o pesquisador tenha familiaridade com esse local. Deve-se preferir um local privado, livre de distrações e silencioso, para não afetar a gravação. Parques públicos, restaurantes e *shoppings* não garantem confidencialidade, pois a conversação pode ser ouvida por outros. Sempre que possível, a entrevista deve ocorrer face a face. Mas quando não for possível, pode ser feita por telefone ou online.

### Estabelecimento do contato inicial.

Para que a entrevista seja adequadamente desenvolvida, é necessário que o entrevistador seja bem-recebido. É desejável que as pessoas a serem entrevistadas sejam preparadas antecipadamente, mediante comunicação escrita ou contato pessoal. Quando, porém, os informantes são tomados de surpresa, maiores habilidades são requeridas do pesquisador para a condução da entrevista. Para iniciar a conversação, o mais aconselhável é falar amistosamente sobre qualquer tema atual que possa interessar ao entrevistado. A seguir, o entrevistador deve explicar a finalidade de sua visita, o objetivo da pesquisa, o nome da entidade ou das pessoas que a patrocinam, quando for o caso, a importância para a comunidade ou grupo pesquisado e, particularmente, a importância da colaboração pessoal do entrevistado. O entrevistador precisa, também, nas situações em que for requerido, colher a assinatura do entrevistado no Termo de Consentimento Livre e Esclarecido, que é feito em duas vias, uma das quais ficará em seu poder. É de fundamental importância que desde o primeiro momento se crie uma atmosfera de cordialidade e simpatia. O entrevistado deve sentir-se absolutamente livre de qualquer coerção, intimidação ou pressão. Dessa forma, torna-se possível estabelecer o *rapport* (quebra de gelo) entre entrevistador e entrevistado. A partir do ponto em que as conversações preliminares se mostrarem suficientes para a criação de uma atmosfera favorável, o entrevistador passará a abordar o tema central da entrevista.

*Manutenção da postura.*

A entrevista qualitativa confunde-se muitas vezes com uma conversa informal, mas é necessário que o entrevistador adote boas práticas de pesquisa. Ele deve adotar uma postura respeitosa e gentil, ater-se às perguntas e concluir a entrevista o mais próximo possível do tempo especificado. Recomenda-se que fale pouco e ouça muito, devendo, portanto, limitar a quantidade de perguntas.

*Formulação das questões.*

Como já considerado, na entrevista qualitativa boa parte das questões não são definidas previamente. A maioria delas deriva das respostas às questões mais gerais. Não existem, portanto, regras fixas a serem observadas para sua formulação. Algumas recomendações, no entanto, são adequadas para a maioria das entrevistas: 1) só devem ser feitas perguntas diretamente quando o entrevistado estiver pronto para dar a informação desejada e na forma precisa; 2) deve ser feita uma pergunta de cada vez; 3) o entrevistador deve se manter o mais neutro possível, evitando reações emocionais às respostas; 4) é importante garantir uma transição adequada entre os tópicos; e 5) convém manter na mente as questões mais importantes até que se tenha a informação adequada sobre elas, de modo que, assim que uma questão tenha sido respondida, deve ser abandonada em favor da seguinte.

*Manutenção do foco da entrevista.*

As entrevistas mais proveitosas são aquelas em que os entrevistados se sentem livres para expor suas crenças, opiniões e sentimentos. Mas a entrevista precisa estar centrada nos objetivos da pesquisa. É necessário, pois, que o entrevistador, de alguma forma, conduza a entrevista para evitar a perda do foco. Uma recomendação importante para estimular o entrevistado a permanecer "ligado" é apoiar-se naquilo que ele acaba de dizer, seja retomando algumas de suas falas para que as explicite, seja prolongando as questões para posteriores retomadas (Beaud; Weber, 2007). É importante que o entrevistador vá dando pequenos passos e garantindo a adesão do entrevistado.

### Compromisso ético.

Além do Termo de Consentimento Livre e Esclarecido, que deve ser obtido antes do início da entrevista, há outros aspectos éticos a serem considerados. É preciso garantir que os dados não serão divulgados de forma que possa prejudicá-lo, a não ser que ele autorize explicitamente. Também é preciso garantir que os entrevistados não experimentem desconforto durante a entrevista, sobretudo ao serem formuladas questões sensíveis. É preciso, ainda, garantir que os entrevistados possam, a qualquer momento, deixar de responder às questões sem sofrer qualquer consequência negativa.

### Registro das respostas.

O modo mais confiável de reproduzir com precisão é a gravação. É importante, porém, considerar que ela só pode ocorrer com o consentimento explícito do entrevistado. O uso disfarçado do gravador constitui infração ética injustificável. Se a pessoa, por qualquer razão, não autorizar a gravação, cabe, então, solicitar autorização para a tomada de anotações. Isso porque a anotação posterior à entrevista apresenta dois inconvenientes: os limites humanos da memória, que não possibilitam a retenção da totalidade da informação, e a distorção decorrente dos elementos subjetivos que se projetam na reprodução da entrevista. Mas, mesmo assim, o registro das informações só deve ocorrer após os entrevistados terem tido oportunidade de responder completamente às indagações e de eventualmente corrigirem alguma informação que tenha sido dada durante a resposta. Mesmo autorizando a tomada de notas, algumas pessoas demonstram irritação quando o entrevistador deixa de prestar atenção no relato para tomar notas. Outras ficam relutantes em falar quando sabem ou percebem que estão sendo tomadas notas. Quando isso ocorrer, o melhor é deixar para tomar notas logo após a conclusão da entrevista.

### Conclusão da entrevista.

Tanto por questões de ordem ética quanto técnica, a entrevista deve encerrar-se num clima de cordialidade. Como, de modo geral, nas entrevistas de pesquisa, o entrevistado fornece as informações sem receber nenhum tipo de vantagem, convém que seja tratado de maneira respeitosa pelo entrevistador, sobretudo no encerramento da entrevista, quando sua missão já estiver cumprida. Por outro lado, como na pesquisa qualitativa é frequente a necessidade de entrevistas posteriores, convém que o pesquisador deixe "a porta aberta" para os próximos encontros.

### Transcrição da entrevista.

A não ser que haja sérios impedimentos, a entrevista deve ser gravada e transcrita. É pouco provável que o entrevistador, quando permanece atento ao que diz o entrevistado, consiga registrar adequadamente tudo o que é dito. E na pesquisa qualitativa interessa não apenas saber o que as pessoas disseram, mas também como disseram. Transcrever entrevistas, no entanto, não constitui tarefa simples. Quando a entrevista ocorre em ambientes como o de um estúdio, completamente livre de ruídos, é possível realizar a transcrição mediante o uso de ferramentas que imediatamente transformam as palavras ditas perto do microfone em texto. Mas esta não é a situação mais comum. O que significa que a atividade de transcrição na maioria das entrevistas qualitativas tende a ser dispendiosa, embora possa ser facilitada com a utilização de softwares, que serão considerados no capítulo seguinte.

## Leituras recomendadas

POUPART, Jean *et al.* A entrevista de tipo qualitativo: considerações epistemológicas, teóricas e metodológicas. *In*: *A pesquisa qualitativa*: enfoques epistemológicos e metodológicos. 2. ed. Petrópolis: Vozes, 2008.

Esse capítulo de livro é dedicado à apresentação de argumentos para justificar o recurso às entrevistas de tipo qualitativo.

GASKELL, George. Entrevistas individuais e grupais. *In*: BAUER, Martin W.; GASKELL, George. *Pesquisa qualitativa com texto, imagem e som*: um manual prático. Petrópolis: Vozes, 2014.

Esse capítulo de livro visa fornecer tanto uma fundamentação teórica quanto uma orientação prática para a realização de entrevistas qualitativas.

## Questões para revisão e reflexão

1. Considere a aplicabilidade da entrevista estruturada na pesquisa que envolve situações que possam ser constrangedoras para os entrevistados.
2. Qual a aplicabilidade na pesquisa de uma entrevista não diretiva, ou seja, a entrevista que não se distingue de uma simples conversação?
3. Como a aparência do entrevistador pode interferir na qualidade da entrevista?
4. Como se pode agir com um participante que não autoriza a gravação da entrevista?
5. Elabore um Termo de Consentimento Livre e Esclarecido para uma pesquisa de seu interesse.

# 5

# Como utilizar outras técnicas de coleta de dados

Embora a entrevista constitua a principal técnica de coleta de dados e seja utilizada de forma exclusiva em muitas pesquisas qualitativas básicas, outras técnicas, como grupo focal, observação e análise de documentos, também podem ser utilizadas. A principal vantagem na utilização de duas ou mais técnicas é a possibilidade de cotejo entre os dados obtidos, o que contribui para conferir maior credibilidade às conclusões da pesquisa.

Este capítulo é dedicado a outras técnicas que podem ser utilizadas para coletar dados da pesquisa qualitativa, esclarecendo acerca de suas vantagens e limitações, bem como dos procedimentos a serem seguidos para sua adequada utilização. Após estudá-lo cuidadosamente, você será capaz de:

- identificar técnicas de coleta de dados aplicáveis à pesquisa qualitativa básica;
- reconhecer as vantagens e limitações das várias técnicas de pesquisa;
- utilizar técnicas de grupo focal, observação e análise de documentos na pesquisa qualitativa básica.

## 5.1 Que outras técnicas são utilizadas na coleta de dados na pesquisa qualitativa básica

A pesquisa qualitativa se caracteriza por grande flexibilidade em relação às técnicas utilizadas para a coleta de dados. Entre as muitas técnicas, sobressaem a entrevista em suas várias modalidades, os grupos focais, os depoimentos pessoais, a história de vida, a observação, a análise de documentos. A entrevista, todavia, é a mais utilizada. Nas modalidades clássicas, tende a ser utilizada de forma exclusiva na pesquisa fenomenológica e na construção da teoria fundamentada. Na pesquisa narrativa é utilizada juntamente com depoimentos pessoais e histórias de vida, que algumas vezes são tratadas como modalidades de entrevista. Já em estudos de caso e pesquisas etnográficas é utilizada como uma das múltiplas técnicas, entre as quais sobressaem a observação e a análise de documentos.

Na pesquisa qualitativa básica utiliza-se predominantemente a entrevista, semiestruturada ou conversacional. Muitas vezes de forma exclusiva. Quando utilizada com outras técnicas, estas assumem, de modo geral, um caráter complementar. Diferentemente do que ocorre em outras modalidades de pesquisa qualitativa, como pesquisa etnográfica e estudo de caso. Nestas – quando bem conduzidas – a observação e a análise de documentos e outras técnicas assumem peso semelhante no processo de análise, graças ao procedimento conhecido como triangulação, que consiste em obter dados de diversas fontes, os quais, após serem combinados, indicam pontos de convergência. Já na pesquisa qualitativa básica, os dados obtidos são utilizados tanto para aprimorar as entrevistas como para complementar ou corroborar os resultados.

Ressalte-se, porém, que o uso complementar dessas técnicas na pesquisa qualitativa básica, de modo geral, decorre de considerações práticas. Não corresponde a uma característica essencial dessa modalidade de pesquisa. Tanto é que algumas pesquisas utilizam a técnica do grupo focal com o mesmo peso da entrevista.

Entre as técnicas mais utilizadas para coleta de dados na pesquisa qualitativa, estão: grupos focais, observação e análise documental – apresentados nas seções seguintes.

## 5.2 Grupo focal

O grupo focal (*focus group*) é uma técnica de pesquisa que começou a se difundir após a década de 1980. Não é definido como um dos procedimentos clássicos de coleta de dados na pesquisa qualitativa, mas sua utilização vem se tornando tão frequente que, no campo do *marketing*, passou a constituir o principal meio de obtenção de dados qualitativos. Na pesquisa qualitativa básica é utilizado como técnica complementar, contribuindo tanto para aprimorar as entrevistas como para complementar ou corroborar os resultados obtidos.

O grupo focal geralmente é composto por participantes que não se conhecem – cujo número varia de sete a doze – e conduzido por um entrevistador treinado. Esses participantes são selecionados pelo fato de apresentarem características socioculturais comuns ou por terem tido algum tipo de experiência relacionada ao tópico que se pretende focalizar na pesquisa. Para conduzir o grupo focal, o pesquisador cria um ambiente favorável à apresentação de diferentes percepções e pontos de vista pelos participantes. A discussão em grupo é realizada em várias sessões com o propósito de identificar tendências e padrões nas percepções. A análise sistemática da discussão, por sua vez, fornece pistas e *insights* sobre as percepções acerca de um produto, um serviço, uma experiência, uma personalidade, um fato ou um evento.

O grupo focal não busca consenso, mas encoraja a expressão de respostas que possibilitam uma melhor compreensão de atitudes, comportamentos, opiniões e percepções dos participantes. Ele permite o desenvolvimento de dinâmicas de grupo que ajudam o pesquisador a capturar experiências de vida compartilhadas, acessando elementos que outros métodos não possibilitam (Liamputtong, 2011).

### 5.2.1 Qual a aplicabilidade do grupo focal na pesquisa qualitativa básica

O grupo focal é uma técnica geralmente utilizada como complementar nas pesquisas qualitativas básicas. Mas também pode ser utilizada de forma exclusiva – assim como a entrevista, mesmo porque essa técnica assume características de entrevista grupal. Seu prestígio deve-se a uma série de vantagens que assume sobretudo quando comparada a outras técnicas. Com efeito, o grupo focal é uma técnica rápida e econômica, pois possibilita coletar uma grande quantidade de dados referentes a diversos participantes em curto espaço de tempo. Outra vantagem é a de que encoraja os participantes a se envolver em discussões que favorecem a manifestação de diferentes perspectivas acerca de determinado fenômeno.

Mas os grupos focais também apresentam algumas desvantagens. Diferentemente das entrevistas individuais, que geralmente são realizadas no ambiente natural dos participantes, o grupo focal desenvolve-se em um ambiente não natural, em que os participantes podem hesitar em expressar seus pensamentos perante uma audiência. Também é uma técnica cuja condução apropriada requer moderadores competentes, principalmente para motivar a participação e a expressão de sentimentos e opiniões.

Outra limitação da técnica é a do "pensamento grupal" (*groupthink*), expressão que descreve o processo pelo qual um grupo social acaba por tomar decisões precipitadas e até mesmo irracionais em virtude do desejo de manter a lealdade do grupo (Janis, 1983). É um processo que pode ser identificado nos grupos focais quando um ou alguns dos participantes passam a dominar a discussão no grupo. Como consequência, outros membros do grupo podem se sentir desconfortáveis para manifestar seus sentimentos e suas opiniões, criando a ilusão de unanimidade e, consequentemente, dificultando a compreensão de diferentes perspectivas dos participantes. Essas limitações podem, em boa parte, ser minimizadas com a participação de um moderador possuidor de reconhecida habilidade na condução de grupos de discussão.

Na pesquisa qualitativa básica, o grupo focal pode ser utilizado antes ou depois das entrevistas. Quando utilizado antes, tem como propósito aprimorar o planejamento e a condução das entrevistas. Isto porque é uma técnica que possibilita explorar tópicos acerca dos quais pouco se conhece ou que envolvem questões pouco claras (Hennink, 2014). Dessa forma, pode contribuir para obter diversidade de experiências e perspectivas acerca do problema em estudo, redefinir os tópicos da entrevista, identificar questões, terminologias e outros componentes que podem ser incluídos e reconhecer questões que possam se mostrar delicadas ou mesmo constrangedoras para os participantes. Com efeito, quando o grupo focal é constituído por pessoas que apresentam as características da população em estudo, torna-se possível, por exemplo, conhecer o universo de discurso dos participantes, os termos utilizados, as reações aos tópicos apresentados e a maneira como discutem o assunto.

Quando utilizado posteriormente, possibilita esclarecer pontos que ficaram obscuros nas entrevistas realizadas, cotejar respostas obtidas individualmente e em grupo, reconhecer falhas na maneira de apresentar determinado tópico e acrescentar informações que por alguma razão foram omitidas nas entrevistas. Assim, com as conclusões dos grupos focais, torna-se possível alcançar uma nova compreensão das respostas obtidas nas entrevistas, bem como identificar falhas em sua condução. O que significa que muitas vezes pode ser conveniente realizar mais entrevistas com vistas ao aprimoramento de seus resultados.

Como nas entrevistas individuais, o pesquisador precisa, também nos grupos focais, atentar às questões éticas, como obtenção do Termo de Consentimento Livre e Esclarecido, a garantia da confiabilidade, privacidade e possibilidade de que, a qualquer momento, os participantes se retirem do local em que se realiza a pesquisa. Mas é importante considerar que nas entrevistas grupais a questão da confiabilidade é muito mais desafiadora do que nas entrevistas individuais, pois os participantes compartilham informações com um grupo. Assim, é preciso que o moderador crie um ambiente seguro para que os participantes possam se expressar livremente.

### 5.2.2 Como conduzir as sessões do grupo focal

Não existe um único modo de conduzir o grupo focal. A natureza do assunto, os propósitos da pesquisa e o perfil dos participantes são fatores, entre outros, que influenciam sua condução. Podem, no entanto, ser identificadas algumas etapas que geralmente são seguidas nos grupos focais:

1. *Recepção dos participantes*. O moderador agradece aos participantes por terem vindo e expressa a importância de sua participação.

2. *Apresentação do moderador*. O moderador se apresenta e explicita seu papel durante a sessão.

3. *Apresentação dos participantes*. Cada participante se apresenta, indicando algumas características reconhecidas como importantes para o desenvolvimento da reunião.

4. *Apresentação do tópico e das razões da discussão*. Essa apresentação deve ser feita de forma sugestiva para que os participantes se sintam estimulados a participar.

5. *Definição das regras da reunião*. As regras, que são definidas previamente, devem ser claramente apresentadas aos participantes.

6. *Formulação da pergunta inicial.* O moderador pode propor uma questão de aquecimento, não relacionada diretamente ao tópico da pesquisa.

7. *Formulação das demais perguntas.* São desenvolvidas de acordo com o clima do grupo. O pesquisador pode, por exemplo, pedir que os participantes pensem na pergunta e formulem suas respostas, oralmente ou por escrito. Pode ser interessante registrar as respostas em um *flip chart* ou quadro branco. Para manter o fluxo da discussão, o moderador pode repetir a pergunta, reformulá-la ou adotar uma postura de "advogado do diabo", apresentando uma visão oposta e pedindo que a refutem. Também é interessante atentar para a comunicação não verbal dos participantes que não estão verbalizando, para atraí-los para a discussão.

8. *Discussão das respostas.* Essa é a fase central da discussão. Os participantes devem ser encorajados a participar de forma equânime. Se um participante tentar monopolizar a discussão, o moderador deverá se esforçar para que os demais falem.

9. *Conclusão da sessão.* O moderador encerra a sessão, agradece aos participantes pelo tempo dispendido e informa como suas contribuições foram valiosas.

### 5.2.3 Que problemas com os participantes podem se manifestar no grupo focal

São frequentes as situações verificadas nos grupos focais que podem dificultar a discussão e consequentemente o alcance de seus objetivos. As mais frequentes são as que envolvem o comportamento dos participantes. Krueger (1994) indica alguns tipos de participantes cujas características podem trazer problemas para os moderadores, e sugestões para lidar com eles.

*Especialistas e influenciadores.*

Os especialistas podem agregar grande valor ao grupo focal, mas também provocar sérios problemas. O que eles dizem e a maneira como dizem pode inibir outros participantes do grupo, pois estes podem tolher-se perante aqueles que são percebidos como tendo mais educação, experiência, riqueza ou influência política e social. Uma estratégia que o moderador pode adotar é reconhecer sua experiência e pedir para ouvir as de outras pessoas. Outra estratégia é sublinhar o fato de que todos os participantes do grupo são especialistas e que têm percepções que precisam ser expressas.

*Falantes dominantes.*

Esses participantes algumas vezes se consideram especialistas, mas na maior parte do tempo não têm consciência de como são percebidos pelos outros. Frequentemente, são vistos apenas como faladores. É preciso exercer algum tipo de controle sobre tal participante, solicitando, por exemplo, que os outros se manifestem sobre o que ele falou. Pode ser conveniente, também, evitar o contato visual com ele e mostrar-se entediado. Mas é importante ter muito tato, pois comentários críticos e ásperos podem inibir a participação dos outros.

*Perturbadores.*

É possível encontrar participantes que exibem comportamentos perturbadores para os demais. Essas pessoas podem ser antagônicas, opinativas, intolerantes e desrespeitosas com os outros, e são, geralmente, movidas por uma agenda filosófica, religiosa, racista ou política que considera certos pontos de vista e valores superiores aos outros. O que se recomenda ao moderador é lembrar a esses participantes que todos os pontos de vista são bem-vindos e que a intenção da reunião é compartilhar diferentes perspectivas.

*Errantes.*

Esses participantes são excessivamente prolixos e suas falas muitas vezes não têm sentido. Como se sentem confortáveis para falar, consomem um tempo muito precioso do grupo. Assim, recomenda-se que o moderador interrompa o contato visual com o divagador por algum tempo, olhando para outros participantes, exceto para ele.

*Tímidos e calados.*

Participam pouco e falam com voz suave. Muitos deles podem ter contribuições para o grupo, mas requerem esforço adicional do moderador para incentivá-los a expressar suas opiniões. Pode ser interessante colocar alguns desses participantes em locais que favoreçam o contato visual com eles, bem como chamá-los pelo nome e solicitar sua opinião.

*Desatentos.*

São muitas as razões que levam alguns participantes a se manterem desatentos durante as sessões: estresse, ansiedade, uso de medicamentos etc. Como eles têm dificuldade para manter a atenção na tarefa, podem ter dificuldade também para entender as perguntas. Uma estratégia que pode ser utilizada com esses participantes consiste, pois, em repetir a pergunta e, em seguida, perguntar se a pessoa tem alguma contribuição a fazer.

## 5.3 Observação

A observação é um importante método de pesquisa. Constitui método privilegiado nas pesquisas em psicologia desenvolvidas sob a ótica comportamental. É método dos mais fundamentais nas pesquisas etnográficas, que têm como base o trabalho de campo, que se dá mediante o contato intenso e prolongado do pesquisador com a cultura do grupo. É essencial nos estudos de caso, que requerem sempre sua combinação com a utilização de entrevistas e análise de documentos.

Assim como ocorre com a entrevista, os dados e a qualidade da observação são altamente dependentes da habilidade, do treinamento e da competência do avaliador (Patton, 2015). É importante considerar que a observação é uma atividade humana das mais corriqueiras no cotidiano das pessoas, mas para que seja tratada como estratégia científica é preciso que tenha um propósito definido, que seja sistematicamente obtida e registrada. Como acentua Polkinghorne (2005), um observador habilidoso é capaz de identificar e descrever observações que contribuirão para uma descrição esclarecida e saciada. Nem tudo que é percebido em uma situação de entrevista é significativo, e algumas observações significativas não são imediatamente aparentes.

### 5.3.1 Quando utilizar a observação na pesquisa qualitativa básica

A intensa aplicação da observação como técnica de pesquisa deve-se às suas múltiplas vantagens, tais como: possibilita acesso direto ao fenômeno, independe da disposição das pessoas para fornecer informações e reduz os efeitos do pesquisador sobre as pessoas. Mas, como qualquer outra técnica, também apresenta limitações, pois há fenômenos que não são facilmente estudados mediante observação, há situações em que os comportamentos não estão abertos à observação, ela é facilmente direcionada por interesses específicos do observador e costuma ser um processo demorado.

Na pesquisa qualitativa básica, a observação também é utilizada como técnica complementar. Como ela possibilita conhecer o ambiente em que ocorrem os fenômenos, as pessoas envolvidas no processo, bem como as atividades que estas executam, pode ser utilizada para conhecer o contexto em que atuam os entrevistados, contribuindo para melhor formular as perguntas, bem como para melhor compreender o significado de suas falas. Pode também ser utilizada para corroborar os dados obtidos na entrevista.

A observação pode ser utilizada antes da realização das entrevistas, pois desta forma o pesquisador passa a ter informações importantes acerca do contexto em que atuam os entrevistados. Nesse caso, o entrevistador procura conhecer o ambiente em que o fenômeno se manifesta, as pessoas envolvidas, as atividades desempenhadas e também os elementos físicos encontrados nos espaços e nas atividades que são utilizados pelas pessoas (Spradley, 1980).

A observação também pode ser utilizada no decorrer das entrevistas, com a finalidade de cotejar e esclarecer as informações obtidas e aprimorar as entrevistas posteriores. Nessa situação, uma fonte importante de dados observacionais são os comportamentos dos participantes, suas expressões faciais, gestos, tom corporal, roupas e outras indicações não verbais (Polkinghorne, 2005). Outra fonte é o ambiente em que a entrevista ocorre. Por exemplo, se uma entrevista for realizada na casa ou no escritório de um participante, a disposição dos móveis, a exibição de fotos e figuras, livros, revistas e outros materiais de leitura podem servir como indicadores da experiência de um participante. Os dados observacionais assumem um papel maior em pesquisas qualitativas que dizem respeito a experiências de crianças ou de outras pessoas que têm dificuldade para expressar seus pensamentos.

Quando se utiliza a observação como técnica de pesquisa, fica difícil ou mesmo impossível obter o Termo de Consentimento Livre e Esclarecido. Mas é preciso atentar para outras questões éticas, como a privacidade dos sujeitos, o que implica garantir que os dados obtidos não possam ser usados para identificar os indivíduos observados. Também é importante garantir que a presença do pesquisador no local não cause qualquer dano físico ou psicológico aos sujeitos. E que estes sejam tratados com respeito e dignidade em todos os momentos em que é feita a observação.

### 5.3.2 O que observar na pesquisa qualitativa básica

O que observar depende dos objetivos da pesquisa. Se o observador não tem clareza acerca dos dados que pretende obter, será em vão observar longa e atentamente um fenômeno, pois não farão sentido nem terão valor para a pesquisa qualitativa. Como na pesquisa qualitativa básica a observação é geralmente utilizada como complemento à entrevista, alguns elementos tornam-se fundamentais, como os que são acentuados por Angers (2014):

1. Características do local. Descrição do local, dos objetos, da decoração do ambiente. Existência de regras oficiais sobre o comportamento no local.
2. Que tipo de pessoa se encontra nesse local. Idade, gênero, origem étnica etc.
3. Por que os participantes estão nesse local. Finalidades e objetivos dos participantes; razões formais e informais de sua presença. Acordos e divergências entre os participantes.
4. O que se passa no local. O que as pessoas fazem e dizem. A maneira como fazem. Como elas interagem.
5. O que se repete e desde quando. Descrição da frequência e da duração das situações. O que é mais ou menos exemplar na situação.
6. Outros elementos. Elementos não considerados nos itens anteriores, mas que podem ser relevantes para a pesquisa. Por exemplo: a vestimenta dos participantes.

### 5.3.3 Como registrar as observações

As observações precisam ser registradas por escrito, mediante notas observacionais. Não convém que essas notas sejam tomadas durante a entrevista. Isto porque, durante a tomada de notas, o entrevistador perde o contato visual com o entrevistado e sua atenção pode se voltar para o registro das informações. O entrevistado pode achar que a tomada de notas se deve a algo que é muito importante e definir o que será melhor compartilhar ao longo da entrevista, alterando o seu curso (Kostere; Kostere, 2021).

Convém que as notas sejam tomadas imediatamente após a realização das entrevistas. Não apenas em razão das possíveis falhas de memória, mas porque a tomada de notas envolve também interpretação. Ao elaborá-las, o pesquisador interpreta tanto os dados obtidos verbalmente quanto observacionalmente, estabelecendo relação com o problema de pesquisa.

## 5.4 Uso de documentos

Documentos são importantes fontes de dados nas pesquisas qualitativas. A consulta a fontes documentais é imprescindível nos estudos de caso e nas pesquisas etnográficas. Nessas pesquisas, os dados obtidos a partir de documentos são combinados com outros, obtidos geralmente mediante entrevistas e observações, possibilitando compreender melhor os diferentes aspectos da realidade, evitando os vieses provocados pela utilização de um método único. Já em outras modalidades de pesquisa qualitativa – inclusive na pesquisa qualitativa básica – em que a entrevista é a técnica fundamental, a documentação assume um papel complementar.

Quando se fala em documento, é provável que a primeira ideia que vem à lembrança é a dos documentos oficiais, como certidão de nascimento, carteira de identidade, título de eleitor, carteira de habilitação etc. Mas em pesquisa o conceito é muito mais amplo, referindo-se a qualquer fonte de dados já existentes, qualquer vestígio deixado pelo ser humano. Logo, são muitas as fontes documentais que podem interessar aos pesquisadores que se dispõem a realizar uma pesquisa qualitativa: documentos pessoais, documentos administrativos, material publicado em jornais e revistas, publicações de organizações, material disponibilizado pela internet, registros cursivos, artefatos físicos e vestígios.

Como a pesquisa qualitativa básica tem o propósito de estudar a experiência humana, os documentos mais valiosos são os documentos pessoais. São muito valiosos para conhecer atitudes, crenças e visões de mundo dos participantes da pesquisa. Entre estes estão: cartas, diários, autobiografias, currículos, álbuns de fotografias, coleções de fotografias, relatos de viagens, memórias não publicadas, poesias, desenhos, pinturas, vídeos, e-mails e postagens nas redes sociais. Muitos desses documentos indicam o que é considerado importante para as pessoas que os elaboram.

Para ter acesso a esses documentos, o pesquisador precisa pedir aos participantes que sejam trazidos de preferência antes da realização das entrevistas. Mas nem sempre isso é possível. Caso os documentos sejam trazidos apenas no momento da entrevista, convém que o pesquisador solicite para que fiquem com ele durante algum tempo para proceder à sua análise. Mas é conveniente solicitar dos participantes que façam comentários acerca de seu conteúdo durante a entrevista.

Na pesquisa qualitativa básica, a documentação é utilizada como técnica complementar, tendo como propósito corroborar ou retificar informações obtidas mediante entrevistas. Quando, pois, um dado documental contradisser algum dado já obtido, o pesquisador pode, em vez de corroborá-lo, pesquisar o tópico com mais profundidade, decidindo, então, acerca de sua validade para a pesquisa.

Embora possa parecer menos invasiva do que as técnicas de interrogação e de observação, a análise documental também requer consideração de questões éticas. É preciso garantir a proteção da identidade das pessoas envolvidas nos documentos. Também é necessário atentar para o fato de que o uso de documentos exige respeito aos direitos autorais. E considerar possíveis consequências da divulgação dos resultados, sobretudo quando a pesquisa envolve populações vulneráveis.

## Leituras recomendadas

BARBOUR, Rosaline. *Grupos focais*. Porto Alegre: Penso, 2009.

Esse livro trata da aplicabilidade dos grupos focais na pesquisa qualitativa. Abrange, entre outros, os tópicos: significado dos grupos focais, seleção da amostra, generalização dos resultados, ética e engajamento.

JACCOUD, Milène; MAYER, Robert. A observação direta e a pesquisa qualitativa. *In*: POUPART, Jean *et al. A pesquisa qualitativa*: enfoques epistemológicos e metodológicos. 2. ed. Petrópolis: Vozes, 1997.

Nesse capítulo de livro, os autores tratam, dentre outros aspectos, da seleção do local de observação e do acesso aos dados, dos informantes-chave, da produção e análise dos dados e das dimensões éticas da observação.

CELLARD, André. A análise documental. *In*: POUPART, Jean *et al. A pesquisa qualitativa*: enfoques epistemológicos e metodológicos. 2. ed. Petrópolis: Vozes, 1997.

Nesse capítulo de livro, o autor trata das principais categorias de documentos, da análise do contexto em que foram produzidos, dos atores sociais em cena, da lógica interna dos documentos e de sua confiabilidade.

## Questões para revisão e reflexão

1. Por que na condução de grupos focais não interessa buscar o consenso entre os participantes?
2. Identifique algumas questões éticas relacionadas à condução de grupos focais.
3. Que características pessoais são requeridas dos moderadores nos grupos focais?
4. O que o pesquisador pode fazer para evitar que a observação do ambiente durante a entrevista prejudique sua realização?
5. O que o pesquisador pode fazer ao perceber que as informações obtidas durante a entrevista divergem das fornecidas por documentos?

# 6
# Como analisar os dados

---

A pesquisa qualitativa conduz a uma grande quantidade de dados. Mas, para que tenham significado, necessitam passar pelo processo de análise. Diferentes modelos analíticos têm sido propostos, de acordo com as tradições de pesquisa. Na pesquisa fenomenológica, por exemplo, o processo analítico visa intuir a essência dos fenômenos. Na teoria fundamentada nos dados, por outro lado, o que se pretende com a análise é construir uma teoria substantiva, mediante o processo de comparações constantes. Foi, pois, com base nos procedimentos adotados nessas duas tradições que foi desenvolvida a análise temática, que tem sido o procedimento mais utilizado na análise dos dados na pesquisa qualitativa básica.

Este capítulo é, pois, dedicado à análise dos dados na pesquisa qualitativa básica, com ênfase na análise temática. Após estudá-lo cuidadosamente, você será capaz de:

- reconhecer as características da análise dos dados na pesquisa qualitativa básica;
- reconhecer os fundamentos da análise temática;
- caracterizar as etapas da análise temática na pesquisa qualitativa básica; e
- aplicar os procedimentos da análise temática na pesquisa qualitativa básica.

## 6.1 Quais as características da análise dos dados na pesquisa qualitativa

Para bem analisar os dados na pesquisa qualitativa é preciso primeiramente reconhecer suas diferenças em relação à pesquisa quantitativa. Nesta, o que geralmente se pretende com a análise é descrever com precisão as características de uma determinada população, ou testar as hipóteses que foram antecipadas em seu planejamento. Ela se conclui com a generalização dos resultados para um universo mais amplo, ou com a corroboração ou rejeição das hipóteses. Na pesquisa qualitativa, o que interessa não é generalizar os resultados obtidos. O que se visa, de modo geral, é descrever fenômenos como experiências subjetivas de indivíduos ou grupos. A análise irá, então, concentrar-se nas características desses indivíduos ou grupos, bem como nos vínculos entre essas características. Mas a pesquisa qualitativa pode visar também à comparação de vários indivíduos ou grupos em suas semelhanças ou diferenças. Nesse caso, a análise buscará identificar as condições nas quais essas diferenças se baseiam, o que implica buscar explicações para tais diferenças. Há, ainda, pesquisas qualitativas com objetivos mais ambiciosos, que visam desenvolver uma teoria acerca do fenômeno em estudo.

Como existem diferentes modalidades de pesquisa qualitativa, é natural que existam diferentes estratégias de análise. Com efeito, na pesquisa narrativa, a análise consiste basicamente em recontar as histórias coletadas, mediante a reunião do material, sua organização e a reconstrução das histórias. Na pesquisa fenomenológica, o que se busca é intuir a essência dos fenômenos. Assim, a partir da descrição das experiências pessoais, procede-se à identificação de declarações significativas e, mediante procedimentos sequenciais, busca-se a essência da experiência. Na pesquisa etnográfica não há modelos definidos de análise, embora algumas etapas nesse processo sejam encontradas na maioria dos trabalhos: organização dos dados, leitura do material, identificação de temas, triangulação, identificação de padrões e análise teórica. Na construção da teoria fundamentada existem modelos bem-definidos. de análise, que envolvem várias formas de codificação dos dados e que, mediante um processo de comparação constante, chega-se a uma teoria. Nos estudos de caso, adotam-se diferentes estratégias analíticas, que têm como principal característica o uso da triangulação, que consiste no cotejo entre os dados obtidos mediante as diferentes fontes de evidência (entrevistas, observação, documentação etc.). Na pesquisa qualitativa básica, por fim, o modelo mais adotado é o da análise temática, cujas bases vêm indicadas na seção a seguir.

## 6.2 Quais são os fundamentos da análise temática

A análise temática é um método que visa identificar, analisar e relatar padrões (temas) presentes em um conjunto de dados. Basicamente, ela organiza e descreve o conjunto de dados em detalhes, possibilitando mapear as ideias e os conceitos neles presentes e identificar regularidades nos discursos dos participantes. Diferentemente de outras abordagens, como a análise fenomenológica e a *grounded theory*, ela não se vincula a nenhum referencial teórico existente, podendo, portanto, ser usada dentro de diferentes arcabouços teóricos ou mesmo sem qualquer arcabouço definido, como é o caso de grande parte das pesquisas qualitativas básicas.

A análise temática foi apresentada como método de pesquisa qualitativa por Richard E. Boyatzis (1998), mas vem se difundindo graças aos estudos de Braun e Clarke (2006, 2013), que indicam algumas decisões importantes a serem tomadas antes de se iniciar a análise ou mesmo a coleta de dados:

### O que é considerado um tema?

Um tema captura algo relevante sobre os dados em relação à questão de investigação e representa algum nível de resposta padronizada ou significado dentro do conjunto de dados. Assim, uma questão importante, segundo as autoras, é o "tamanho" que esse tema precisa ter. Na análise qualitativa não há uma resposta direta para a proporção do conjunto de dados necessário para que este possa efetivamente ser considerado um tema. Uma maior ocorrência não significa que o tema seja mais importante. Assim, o julgamento do pesquisador é crucial para determinar o que é um tema.

### Descrição rica do conjunto de dados ou descrição detalhada de um aspecto específico?

As autoras indicam que é importante determinar o tipo de análise que se deseja fazer. É possível fornecer uma rica descrição abrangente de todo o conjunto de dados para que o leitor tenha uma noção dos temas predominantes ou importantes. Esse procedimento é útil quando se está investigando uma área pouco pesquisada. Mas é possível também partir para um tipo de análise que forneça uma descrição mais detalhada de um tema específico ou grupo de temas identificados nesses dados que estejam relacionados a uma área de interesse específico.

### Análise temática indutiva ou dedutiva?

Os temas ou padrões podem ser identificados de duas maneiras principais: forma indutiva ("de baixo para cima"), ou forma dedutiva ("de cima para baixo"). Na análise temática indutiva, os dados são codificados sem a preocupação de encaixá-los em uma estrutura de codificação preexistente. Na análise temática dedutiva, a identificação dos temas é orientada pelo interesse teórico ou analítico do pesquisador na área. Ela tende a fornecer menos uma descrição rica dos dados em geral e mais uma análise detalhada de algum aspecto dos dados.

### Temas semânticos ou latentes?

Outra decisão apresentada pelas autoras refere-se ao "nível" em que os temas devem ser identificados: em nível semântico ou explícito, ou em nível latente ou interpretativo. Em uma abordagem semântica, os temas são identificados dentro dos significados explícitos ou superficiais dos dados, e o analista não busca nada além do que os participantes disseram ou do que foi escrito. Já em uma análise temática em nível latente, o analista vai além do conteúdo explícito dos dados e começa a identificar ou examinar as ideias, suposições, conceituações e ideologias subjacentes, que são teorizadas como que moldando ou informando o conteúdo semântico dos dados.

### Análise temática essencialista ou construcionista?

A análise temática pode ser conduzida tanto dentro do paradigma realista/essencialista quanto do construcionista, ficando o foco e o resultado diferentes em cada um. Trata-se de uma questão epistemológica, que geralmente é determinada na formulação do projeto. Embora essa questão possa também ser levantada durante o processo de análise, com mudança do foco de pesquisa. Essas questões epistemológicas orientam o que o pesquisador pode dizer sobre seus dados e informa como teorizar seu significado. Em uma abordagem essencialista, a teorização de motivações, experiências e significados é feita de maneira direta, porque se supõe uma relação simples e em grande parte unidirecional entre significado e experiência e linguagem. Ou seja, admite-se que a linguagem reflete a experiência e possibilita determinar seu significado. Por outro lado, em uma abordagem construcionista, significado e experiência não são considerados inerentes aos indivíduos, mas socialmente produzidos e reproduzidos. Assim, nessa abordagem, a análise não foca a motivação individual, mas os contextos e as condições estruturais.

## 6.3 Quais são as etapas da análise temática

A análise temática é um processo que se inicia quando o pesquisador começa a procurar padrões de significado e questões de potencial interesse nos dados e que se conclui com o relato do conteúdo e significado dos padrões nos dados. É, pois, um processo que envolve um constante movimento de idas e vindas entre todo o conjunto de dados, mas que, de modo geral, envolve as etapas: 1) transcrição; 2) leitura e familiarização; 3) codificação; 4) busca de temas; 5) revisão de temas; 6) definição e nomeação de temas; 7) finalização da análise (Braun, 2013). Indica-se, a seguir, de maneira prática, como o pesquisador pode se envolver nessas etapas ao proceder à análise de dados na pesquisa qualitativa básica.

### 6.3.1 Transcrição dos dados

O primeiro passo no processo de análise consiste na transcrição dos dados obtidos nas entrevistas ou registrados em textos escritos ou em vídeos. Como já foi considerado, na pesquisa qualitativa básica utiliza-se geralmente a entrevista como técnica fundamental para obtenção dos dados. Assim, em relação às entrevistas, é preciso considerar duas modalidades de transcrição: literal e adaptada. Na transcrição literal, todos os aspectos da fala dos entrevistados são reproduzidos com fidelidade, incluindo repetições, pausas, murmúrios e vícios de fala. Essa modalidade é indicada em pesquisas em que é fundamental reproduzir sua essência ou destacar as emoções do entrevistado. Na transcrição adaptada, são omitidas as ocorrências que não são consideradas relevantes para a análise. Assim, murmúrios, oscilações, repetições e expressões de concordância podem ser retirados. Essa modalidade é indicada em pesquisas nas quais o que interessa é obter dos entrevistados informação mais objetiva.

A transcrição de entrevistas é uma atividade custosa, mas precisa ser realizada com rigor, visto que falhas em sua execução podem comprometer a qualidade dos resultados da pesquisa. A transcrição pode ser feita pelo próprio pesquisador, mas pode ser conveniente contratar um profissional da área de transcrição, que ouve o que está registrado nos arquivos e procede à sua digitação. Essa é a forma clássica – e ainda a mais recomendada –, já que atualmente é possível valer-se de programas para transcrição das entrevistas. Esses programas são capazes de reconhecer palavras e digitá-las. Podem ser identificados muitos desses. Existem, todavia, diferenças em sua qualidade, visto que nem todos são capazes de bem identificar as palavras. Sem contar que muitos deles estão disponíveis em apenas um idioma.

Embora muito úteis para os trabalhos de transcrição, esses softwares também apresentam limitações, como as que vêm indicadas a seguir:

*Fala de mais de uma pessoa.* Quando a fala é de apenas uma pessoa, a qualidade da transcrição tende a ser melhor, pois a entonação não muda muito. Mas quando há falas de duas ou mais pessoas com vozes muito diferentes, o software pode ficar confuso, provocando uma transcrição falha, até mesmo com ausência de trechos.

*Problemas de oralidade.* Os programas são elaborados para transcrições de entrevistas em um ou mais idiomas. Porém, nem todos estão preparados para reconhecer sotaques regionais. Além disso, as pessoas têm vozes diferentes, em decorrência do sexo, da idade ou do timbre, ou podem falar de forma diversa conforme suas emoções, dificultando a transcrição.

*Compreensão do contexto da conversa.* A compreensão do significado de uma conversa passa pela interpretação. Assim, tendemos a entender até mesmo o significado de dados apresentados de forma confusa, atentando para o seu contexto. Já as máquinas não se mostram muito boas para interpretar o sentido de palavras e frases, pois não conseguem captar o contexto geral da conversação.

*Palavras homófonas*. Essas palavras são pronunciadas da mesma maneira, mas têm significados diferentes, como, por exemplo: acento/assento, cem/sem e cesto/sexto. Embora os programas se baseiem em grandes bancos de dados, fica difícil programar a diferenciação de significados que só podem ser entendidos no contexto da conversação.

*Imprecisão na pontuação*. A pontuação é utilizada para organizar e pausar os textos. Mas nem sempre as pessoas ao falar são capazes de representar as pausas. Assim, a má utilização de pontuação tende a atrapalhar a transcrição, passando a exigir trabalhos adicionais para corrigi-la.

As ferramentas de transcrição podem ser de dois tipos: manual e automática. Nas ferramentas de transcrição manual, o usuário escuta a gravação de áudio e digita o texto manualmente. São adequadas para trabalhos que exigem alta precisão e excelente qualidade de áudio, embora sejam mais lentas e suscetíveis a erros humanos. Entre as principais ferramentas desse tipo, estão: Express Scribe, InqScribe, oTranscribe e F4/F5 Transkript.

As ferramentas de transcrição automática utilizam recursos de IA para reconhecimento de voz e conversão automática de áudio em texto. São adequadas para situações em que a velocidade é fundamental, visto possibilitarem transcrever as falas enquanto elas são ditas. Tendem, todavia, a apresentar mais erros em decorrência de ambientes barulhentos e da não identificação de sons que podem ser relevantes para a compreensão do texto, como pausas e gagueiras. Entre as principais ferramentas desse tipo, estão: Otter.ai, Trint, Sonix, Google Recorder e Microsoft OneNote.

A escolha da ferramenta adequada depende das necessidades específicas do pesquisador, tais como: precisão da transcrição, facilidade de uso, recursos de edição, quantidade de áudio a ser transcrito, necessidade de controle de reprodução, preferência por transcrição automática ou manual e custo. Como o custo é sempre um dos fatores mais considerados na escolha, convém lembrar que, entre as ferramentas de transcrição manual, o oTranscribe e o Express Scribe apresentam versão gratuita.

### 6.3.2 Como proceder à leitura e familiarização com os dados

Após a transcrição – que pode assumir o formato de cópia impressa ou eletrônica – passa-se à sua leitura, com o propósito de familiarizar-se com os dados. A rigor, é uma tarefa que já se inicia com a transcrição, pois ouvir, digitar e corrigir proporcionam alguma familiarização com o que os entrevistados disseram. Mas é preciso mais leituras para perceber o que de fato interessa nas entrevistas. Assim, é necessário que as leituras sejam cuidadosas, tendo em mente as bases teóricas que favorecem a identificação de dados significativos para a pesquisa, quando for o caso. Essa é uma tarefa que demanda muita habilidade. Braun e Clarke (2013) falam em "sensibilidade analítica", referindo-se à habilidade de ler e interpretar os dados através das lentes teóricas escolhidas. Glaser (1978), por sua vez, fala em "sensibilidade teórica", que é a capacidade de identificar segmentos de dados importantes para construir uma teoria.

Independentemente de se estar buscando uma análise geral ou detalhada dos textos, ou procurando por temas latentes ou semânticos, ou estar orientado por uma teoria, a familiarização com os dados é fundamental. É uma etapa que não pode ser pulada, pois é ela que fornece as bases para todo o processo de análise. Por essa razão é que se recomenda já nessa fase começar a fazer anotações ou marcar ideias para a codificação, que é a etapa posterior.

### 6.3.3 Como codificar os dados

Um código é uma palavra ou frase curta que captura a essência de uma porção de dados visuais ou baseados em notas de observação em campo, diários, documentos, literatura, artefatos, fotografias, vídeos, sites etc. (Saldaña, 2022). Os códigos são definidos por Strauss e Corbin (2008) como os blocos de construção da teoria, e por Boyatzis (1998) como o elemento mais básico dos dados brutos que pode ser avaliado de maneira significativa em relação ao fenômeno. De fato, são os códigos que possibilitam agrupar eventos e ideias similares sob um sistema de classificação.

Codificação é a ação de codificar, ou seja, apresentar uma ideia mediante um código. Refere-se à identificação dos dados relevantes em todo o conjunto de dados para responder ao problema de pesquisa. É, pois, uma fase que se inicia após a familiarização do pesquisador com os dados, quando já se tornou possível elaborar uma lista das ideias acerca do que está nos dados e do que é interessante acerca deles. A codificação pode ser feita manualmente ou usando softwares.

Os códigos podem ser derivados dos próprios dados obtidos ou derivados de uma teoria. Os códigos derivados dos dados são denominados códigos semânticos e fornecem um resumo de seu conteúdo explícito. Já os códigos derivados de uma teoria, que são denominados códigos latentes, vão além disso, sugerindo uma estrutura que possibilite identificar significados implícitos dentro dos dados. Nesse caso, o pesquisador parte de questões específicas que tem em mente e as utiliza para orientar a codificação. Quando o pesquisador pretende apresentar a experiência dos participantes de forma mais realista e descritiva, os códigos semânticos são mais adequados. Todavia, quando o pesquisador espera apresentar dados que sustentam pressupostos teóricos, os códigos latentes são mais apropriados.

A codificação irá depender, até certo ponto, da orientação dos temas pelos próprios dados ou por teorias. Pode ocorrer, contudo, que o pesquisador inicie a codificação com códigos que emergem dos dados, ou seja códigos semânticos, mas, ao acolhê-los, passa a identificar relações teóricas que podem ser trazidas para o estudo. Pode ocorrer, também, que o pesquisador inicie a codificação com códigos próprios, ou seja, latentes; mas ao longo do processo identifique códigos semânticos, ou seja, derivados dos próprios dados.

Para realizar a codificação, procede-se à análise cuidadosa de cada frase ou sentença, à seleção de palavras-chave e à determinação de um título ou código que represente uma unidade de ideias. Geralmente os pesquisadores iniciam esse processo com uma rodada inicial em que procuram resumir ou descrever trechos e, em seguida, partem para outras rodadas em que adicionam suas interpretações.

Não existe, evidentemente, uma maneira certa ou errada de codificar dados, mas pode-se falar em abordagem dedutiva, indutiva ou combinada. Na codificação indutiva, o pesquisador não assume noções preconcebidas acerca dos códigos, estes são derivados exclusivamente a partir dos dados. Na codificação dedutiva, o pesquisador inicia desenvolvendo uma lista de códigos iniciais, que podem ser baseados nas questões de pesquisa ou em uma estrutura teórica já existente. Na codificação combinada, o pesquisador pode iniciar dedutivamente, com um conjunto de códigos, mas, à medida que avança em seu trabalho, vai indutivamente criando novos códigos.

A codificação pode ser feita manualmente ou com o auxílio de softwares de apoio à pesquisa qualitativa. Esses softwares permitem construir facilmente um sistema de codificação desde o início ou de maneira contínua durante a análise dos dados. Os softwares mais utilizados são os pacotes clássicos de pesquisa qualitativa, como Atlas.ti, MAXQDA e NVivo. Mas também podem ser utilizados softwares gratuitos, como Taguette, Qualcoder e QCoder.

Quando se utiliza um software, procede-se à codificação marcando e nomeando seleções de texto dentro de cada item de dados.

Quando, porém, a codificação é feita manualmente, é preciso primeiramente imprimir os textos da transcrição das entrevistas, bem como outros textos definidos no planejamento da pesquisa como relevantes para o fornecimento dos dados requeridos. Para tanto, convém usar canetas coloridas para selecionar as partes do texto que se mostrarem úteis para fornecer respostas ao problema de pesquisa. Convém, ainda, escrever notas referentes aos textos selecionados.

A codificação deve ser feita linha por linha. É importante considerar todo o conjunto de dados, conferindo atenção total e igual a cada item, identificando aspectos interessantes que possam formar a base de padrões repetidos, ou seja, dos temas, que são considerados na seção seguinte. Braun e Clarke (2013) fornecem algumas dicas fundamentais para auxiliar o processo de codificação: a) codificar o máximo de temas ou padrões, pois nunca se sabe o que poderá ser interessante mais tarde; b) codificar os extratos sem perder o contexto, o que implica manter um pouco dos dados circundantes se estes forem relevantes; c) admitir que é possível codificar um mesmo extrato de dados em tantos temas quantos se admitir que o extrato se encaixa.

Segue um exemplo de codificação, utilizando um excerto de entrevista realizada para fornecer dados em uma pesquisa que tem como objetivo descrever a experiência de empregados que passaram a trabalhar no sistema *home office* (Quadro 6.1).

| EXCERTO DA ENTREVISTA | CÓDIGO |
|---|---|
| Nunca tinha levado trabalhos para fazer em casa. Então, tenho que admitir que minha primeira sensação foi a de insegurança. | Insegurança |

Quadro 6.1 – Exemplo de codificação de um excerto de entrevista

Neste caso, o código corresponde a uma palavra que o próprio entrevistado disse. É o que se denomina código *in vivo*. Porém, o mais comum é construir códigos que sumarizam várias palavras ou mesmo frases completas, como no exemplo a seguir (Quadro 6.2), extraído de uma entrevista realizada com um estudante do Ensino Médio para conhecer sua experiência com o ensino híbrido.

| EXCERTO DA ENTREVISTA | CÓDIGO |
| --- | --- |
| Eu nunca tinha ouvido falar em ensino híbrido. Para mim, era grego. Mas na primeira aula em que um dos professores começou a falar a respeito, eu comecei a ficar muito interessado nesse tal de ensino híbrido. Hoje eu me sinto muito bem com o ensino híbrido. Já estou participando faz alguns meses e sinto que combinar as atividades em classe com atividades em casa de ensino é normal. Não sinto nenhum estranhamento. | Desconhecimento<br><br>Interesse<br><br>Adaptação |

Quadro 6.2 – Exemplo de codificação de vários excertos de entrevista

É importante, porém, acentuar que a codificação é um ato interpretativo. Não há como garantir que dois pesquisadores empenhados nesse processo identifiquem os mesmos códigos. Mesmo porque os códigos são usados não apenas para reduzir os dados, mas para resumi-los, destilá-los ou condensá-los.

A determinação acerca do que codificar depende dos objetivos da pesquisa e das habilidades do pesquisador. Uma sugestão é a de que se refiram principalmente a unidades de organização social, como as que são definidas por Lofland, Snow, Anderson e Lofland (2006):

1) *práticas culturais* (rotinas diárias, tarefas ocupacionais, atividades microculturais etc.);

2) *episódios* (atividades imprevistas ou irregulares, como divórcio, jogos de campeonato, desastres naturais etc.);

3) *encontros* (uma interação temporária entre dois ou mais indivíduos, como transações de vendas, mendicância etc.);

4) *papéis* (estudante, mãe, cliente etc.) e *tipos sociais* (valentão, inibido, *nerd* etc.);

5) *relações sociais e pessoais* (marido e mulher, festeiros etc.);

6) *grupos e panelinhas* (gangues, congregações, famílias, atletas etc.);

7) *organizações* (escolas, restaurantes de *fast-food*, prisões, corporações etc.);

8) *assentamentos e habitats* (aldeias, bairros etc.); e

9) *subculturas e estilos de vida* (sem-teto, *skinheads*, *gays* etc.).

### 6.3.4 Como identificar temas

Essa fase se inicia após todos os dados relevantes terem sido codificados e agrupados, gerando uma lista de códigos. Trata-se de uma fase em que a análise se dá em um nível mais amplo, pois envolve o agrupamento de diferentes códigos em temas. É, pois, o momento em que se busca identificar os padrões que aparecem nos dados, ou seja, identificar o que, em meio à ampla diversidade de ideias e comportamentos manifestados pelos diferentes participantes, pode ser definido como comum a todos ou à maioria. São esses padrões que revelam as características salientes dos dados que são significativas para responder ao problema de pesquisa.

Para identificar os padrões mais relevantes para responder ao problema de pesquisa, um critério importante é a frequência com que os códigos aparecem. Mas pode ocorrer que alguns códigos, embora não sendo muito frequentes, sejam significativos. Daí a importância atribuída à busca de apoio em fundamentos teóricos.

Essencialmente, o que se faz nessa fase é analisar os diferentes códigos e combiná-los para formar um tema coerente e abrangente. Os softwares podem ser úteis nessa etapa. Mas eles também se baseiam no tradicional processo manual de escrever cada código com uma breve descrição em um pedaço de papel e ir organizando-os em pilhas temáticas. Um exemplo é oferecido no Quadro 6.3 com códigos obtidos em entrevistas realizadas em uma pesquisa com o objetivo de descrever experiências de enfermeiros em unidades de terapia intensiva.

| CÓDIGOS | TEMAS |
| --- | --- |
| Falta de treinamento | Problemas de aprendizagem |
| Novos equipamentos | |
| Aprendizagem com o colega | |
| Manuais inadequados | |
| Falta de tempo para estudar | |
| Número reduzido de palestras | |
| Aprender sozinha | |
| Falta de didática | |

| | |
|---|---|
| Relacionamento com os colegas | Dificuldade para trabalhar em equipe |
| Colegas desinteressados | |
| Confiança nos colegas | |
| Desinteresse das chefias | |
| Falta de união | |
| Posturas heterogêneas do pessoal | |
| | |
| Informação da gravidade do estado do paciente para os familiares | Relacionamento com os familiares do paciente |
| Agressão verbal dos familiares | |
| Choro e desespero dos familiares | |
| Comunicação de óbito para os familiares | |
| Permanência indevida dos familiares na UTI | |

Quadro 6.3 – Exemplo de códigos obtidos em entrevistas realizadas em uma pesquisa com o objetivo de descrever experiências de enfermeiros em unidades de terapia intensiva

O que interessa basicamente nessa fase é classificar os códigos em temas potenciais. Mas a identificação não significa necessariamente sua finalização. Isto porque, com a identificação dos temas, estes são relacionados entre si, podendo ocorrer que alguns sejam agrupados e outros subdivididos. É possível, também, que alguns sejam eliminados e outros sejam criados. E o que é mais provável: que alguns códigos gerem temas mais abrangentes do que outros, podendo requerer algum tipo de hierarquização. Assim, alguns poderão ser considerados temas principais e outros subtemas. Conclui-se, portanto, essa fase com uma coleção de temas e subtemas com a indicação dos extratos de dados que deram origem aos códigos.

### 6.3.5 Como revisar os temas

Essa fase se inicia quando já se dispõe de um conjunto de temas potenciais para a análise e tem como propósito o seu refinamento. Esse refinamento é importante porque a identificação de um tema por si só não é garantia de que seja de interesse e viável para a pesquisa. Pode ocorrer que um tema não abranja dados suficientes para suportá-lo. Pode ocorrer também que um tema apresente muitas semelhanças com outro, tornando-se conveniente seu agrupamento. Também pode ocorrer que um tema seja muito amplo, merecendo subdivisão em dois ou mais temas. Pode, ainda, ocorrer que determinado tema se mostre estranho para os objetivos da pesquisa, podendo ser descartado.

Os temas podem ser considerados categorias de análise, já que se referem a um conjunto de ideias agrupadas segundo determinado critério. Assim, aplica-se às classes os mesmos critérios que são adotados na criação de categorias:

*Pertinência.* Todos os temas devem ser pertinentes ao problema de pesquisa. Ocorre frequentemente nas pesquisas qualitativas que temas interessantes emerjam dos dados. Todavia, os temas que não se referirem ao problema ou às questões de pesquisa deverão ser descartados.

*Mútua exclusividade.* Um código pertencente a determinado tema não pode estar em outro.

*Exaustividade.* Todos os códigos devem estar agrupados em um tema. Os códigos que não puderem ser inseridos em algum dos temas definidos poderão ser agrupados em um tema denominado miscelânea; após novas revisões, poderão ser agrupados em tópicos já existentes, determinar novos tópicos ou simplesmente ser descartados.

*Homogeneidade.* Os temas devem ser organizados segundo um único princípio ou critério de classificação, garantindo que todo o seu conjunto possa ser estruturado como uma única unidade de análise. Patton (2015) fala em homogeneidade interna, que se refere à medida em que os dados que pertencem a uma determinada categoria (ou tema) se mantêm unidos de maneira significativa, e em heterogeneidade externa, que examina até que ponto as diferenças entre as categorias (ou temas) são claras e robustas.

Braun e Clarke (2013) indicam dois níveis de revisão e refinamento dos temas. O primeiro refere-se a uma revisão relacionada aos extratos de dados codificados. O que significa que é preciso ler todos os extratos agrupados em cada tema para verificar se formam um padrão coerente. Se os temas iniciais indicarem que formam um padrão coerente, passa-se para o segundo nível dessa fase. Se, porém, os temas não se encaixarem coerentemente, cabe, então, considerar se o tema em si é crítico, ou se alguns dos extratos de dados não se encaixam nele. Neste caso, conviria rever o tema, criando um novo ou inserindo os extratos que não se encaixam nele em um tema já existente, ou, se não for possível, simplesmente descartá-los. Mas, se se mostrarem adequados, passa-se para o segundo nível de análise.

No segundo nível, analisa-se a validade dos temas em relação ao conjunto de dados. Assim, torna-se necessário reler todo o conjunto de dados para verificar se os diversos temas se mostram coerentes. E também codificar eventuais extratos que não tenham sido considerados em estágios anteriores de codificação.

Se os temas se mostrarem coerentes, pode-se passar para o estágio seguinte: definição e nomeação de temas. Caso isso não ocorra, torna-se necessário voltar a revisar e refinar a codificação, até que se garanta a coerência dos temas com o conjunto total de dados. Assim, pode ocorrer que sejam identificados novos temas, requerendo o reinício da codificação para eles. Mas, como acentuam Braun e Clarke (2013), a codificação de dados e a geração de temas podem continuar *ad infinitum*. Daí a inconveniência de se entusiasmar demais com uma recodificação interminável. Não é possível determinar claramente o momento de parar, mas quando os refinamentos não estiverem acrescentando nada de substancial, torna-se conveniente parar.

Essa etapa se conclui, portanto, quando for possível determinar todos os extratos úteis para a pesquisa, associar os códigos pertinentes e definir os subtemas e temas. O Quadro 6.4 apresenta um exemplo de organização dessas partes em uma pesquisa sobre a experiência de empregados com situações de assédio moral no trabalho.

| EXTRATO | CÓDIGO | TEMA |
| --- | --- | --- |
| Meu chefe disse que minha cor é um ponto negativo na promoção. | Preconceito racial | Discriminação |
| Sou frequentemente chamado de velho pelo meu chefe. | Ageísmo | |

| | | |
|---|---|---|
| Meu chefe costuma dizer que as mulheres quando estão menstruadas são menos produtivas. | Discriminação sexual | |
| Fui chamado de burro pelo meu chefe. | Agressão verbal | Agressão |
| Meu supervisor me empurrou contra a parede e apertou com força o meu braço. | Agressão física | |
| Meu chefe disse que se eu não fizesse o serviço da maneira dele, eu iria me arrepender. | Ameaça | |
| Fui transferido para outra seção para desempenhar tarefas que nada tinham a ver com o cargo para o qual fui contratado. | Mudança de atividade | Mudanças injustificadas |
| Sem nenhuma razão, me transferiram de uma unidade para outra. | Mudança de local de trabalho | |

| Cada dia meu chefe me mandava fazer as coisas de um jeito diferente. | Alterações constantes nas rotinas de trabalho |
| --- | --- |

Quadro 6.4 – Exemplo de extratos, códigos e temas obtidos em uma pesquisa sobre a experiência de empregados com situações de assédio moral no trabalho

### 6.3.6 Como definir e nomear temas

Essa fase se inicia no momento em que o pesquisador admite que a organização dos diferentes temas se mostra coerente com o conjunto de dados. Trata-se, a rigor, de um processo que ainda tem a ver com o refinamento dos temas, pois o que o pesquisador busca nessa fase é captar a essência de cada tema. O que requer o retorno aos extratos de dados obtidos e que foram agrupados em cada tema, com vistas a elaborar um relato coerente. Isto significa que não basta parafrasear o conteúdo dos dados, mas identificar e justificar o que neles é significativo.

Para cada um dos temas é preciso realizar uma análise detalhada. Braun e Clarke (2013) indicam que é preciso identificar a "história" que é contada por cada tema e considerar como ela se encaixa na "história geral" mais ampla. Assim, tendo como fundamento o problema de pesquisa, considera-se cada tema e a relação que existe entre eles. Também é importante verificar se cada tema contém ou não subtemas, pois eles podem ser úteis para conferir estrutura a um tema muito amplo e complexo.

Essa fase se conclui quando se tornar possível definir claramente quais são os temas. Braun e Clarke (2013) indicam um teste para constatar isto: descrever o escopo e o conteúdo de cada tema em poucas frases. Se não for possível para um determinado tema, é provável que seja necessário um maior refinamento deste.

Cada um dos temas já recebeu um título antes do início dessa fase. Mas pode ser interessante promover uma revisão desses títulos com vistas à análise final. Os títulos devem ser claros, fortes e concisos para proporcionar imediatamente ao leitor uma noção do conteúdo do tema.

### 6.3.7 Como finalizar a análise

Essa fase se inicia quando já se dispõe de um conjunto de temas totalmente elaborados. Assim como na pesquisa fenomenológica, nessa fase o pesquisador integra os diversos temas, buscando o estabelecimento de uma "estrutura essencial" do fenômeno pesquisado (Colaizzi, 1978).

Na maioria das vezes, a análise refere-se apenas aos dados obtidos com entrevistas, que é a técnica fundamental. Mas é provável que tenham sido obtidos mais dados, referentes a documentos e observações. Assim, cabe nessa etapa combinar os dados obtidos de outras fontes para enriquecer a análise. O que requer que todos os documentos relevantes e as anotações de observações tenham sido reunidos e organizados. Se possível, identificando categorias e subcategorias relevantes. Passa-se, então, à comparação dos dados das diferentes fontes para identificar convergências, divergências e complementaridades.

Concomitante à análise, o pesquisador prepara o seu relatório, que deve fornecer uma análise concisa, coerente, lógica, não redundante e interessante da história que os dados contam. Ela deve fornecer evidências suficientes dos temas dentro dos dados, o que implica apresentar extratos de dados suficientes para demonstrar a pertinência dos temas.

Para bem finalizar essa fase, Braun e Clarke (2013) apresentam uma lista de verificação:

- Os pressupostos e a abordagem específica da análise temática são claramente explicados?
- O método descrito e a análise relatada são consistentes?
- A linguagem e os conceitos utilizados no relatório são consistentes com a posição epistemológica da análise?
- O pesquisador se posiciona como ativo no processo de pesquisa; os temas não apenas "emergem"?

Maiores explicações acerca da estrutura, do estilo e das normas de apresentação do relatório são indicadas no capítulo seguinte.

## Leituras recomendadas

BRAUN, Virginia; CLARKE, Victoria. Using thematic analysis in psychology. *Qualitative Research in Psychology*, v. 3, n. 2, p. 77-101, 2006. Disponível em: https://www.researchgate.net/publication/2353 56393_Using_thematic_analysis_in_psychology

Nesse artigo, as autoras apresentam a análise temática como um método para identificar, analisar e apresentar padrões em conjuntos de dados qualitativos e descrevem os procedimentos adotados no processo.

MAGUIRE, Moira; DELAHUNT, Brid. Doing a thematic analysis: a practical, step-by-step guide for learning and teaching scholars. *AISHE-J: The All Ireland Journal of Teaching and Learning in Higher Education*, v. 8, n. 3, p. 3.351-3.354, 2017. Disponível em: https://ojs. aishe.org/index.php/aishe-j/article/view/335

Esse artigo, baseado no trabalho de Braun e Clarke (2006), indica como se utiliza a análise temática no contexto da pesquisa em ensino e aprendizagem e ilustra o processo com um exemplo prático.

## Questões para revisão e reflexão

1. Quais as circunstâncias que recomendam uma descrição abrangente ou uma descrição detalhada do conjunto de dados?
2. O que distingue a análise temática indutiva da análise temática dedutiva?
3. Em que circunstâncias convém utilizar códigos semânticos e códigos latentes?
4. Por que a fundamentação teórica da pesquisa pode ser útil na identificação de temas?
5. Identifique uma pesquisa qualitativa e verifique se o autor esclarece acerca dos procedimentos utilizados na codificação dos dados.

# 7
# Redação do relatório de pesquisa

A maioria dos manuais de pesquisa conclui-se com um capítulo referente à redação do relatório. O que se justifica, visto que a pesquisa em sua forma mais clássica envolve, nesta sequência, as etapas de planejamento, coleta de dados, análise e interpretação dos dados e redação do relatório. Porém, na pesquisa qualitativa básica, como em outras modalidades de pesquisa qualitativa, nem sempre essa sequência é observada. Costuma-se até mesmo dizer que na pesquisa qualitativa a redação do relatório inicia-se com a primeira entrevista, a primeira observação ou a análise do primeiro documento.

Em face dessa flexibilidade, os pesquisadores qualitativos não se submetem obrigatoriamente às normas que orientam a redação de relatórios de pesquisa. Mas isto não significa que o relatório da pesquisa qualitativa básica possa ser elaborado sem rigor. O pesquisador precisa observar as boas normas de apresentação de trabalhos científicos. Assim, foi elaborado este capítulo voltado à redação do relatório de pesquisa qualitativa. Após estudá-lo cuidadosamente, você será capaz de:

- definir critérios para redação do relatório de pesquisa qualitativa básica;

- reconhecer estilos de redação adequados ao relato de pesquisas qualitativas básicas;
- estruturar o relatório de pesquisa;
- inserir falas dos participantes da pesquisa no relatório de pesquisa;
- combinar as falas dos participantes com os comentários do pesquisador.

## 7.1 O relatório na pesquisa qualitativa

Nas pesquisas definidas como quantitativas, os relatórios de pesquisa apresentam estrutura bem-definida. A primeira seção refere-se à definição, contextualização e delimitação do problema e à indicação das razões que justificaram a realização da pesquisa. A segunda consiste na revisão da literatura, com a apresentação sintética dos conteúdos das obras utilizadas para conferir fundamentação conceitual e teórica à pesquisa. A terceira esclarece acerca do método, com a apresentação da modalidade de pesquisa, da seleção e extensão da amostra, bem como das técnicas de coleta e análise de dados. A quarta é dedicada à apresentação, análise e discussão dos resultados. A quinta, por fim, apresenta as conclusões do estudo e as sugestões para futuras pesquisas.

A redação do relatório é uma tarefa que pode se valer do auxílio de diversas ferramentas de IA, como ChatGPT, Gemini e Bing. Elas contribuem para simplificar o trabalho, esboçando a estrutura básica do relatório e a organização de suas seções principais. Mas é importante considerar que seu uso deve ser combinado com a revisão crítica e a contribuição do pesquisador para garantir a originalidade, a qualidade e a integridade do relatório.

A redação do relatório de pesquisa qualitativa básica, assim como das demais pesquisas qualitativas, no entanto, exige muito mais do pesquisador. Os dados são muito numerosos e frequentemente obtidos mediante múltiplos procedimentos, requerendo cuidados especiais não apenas em relação à sua análise, mas também à sua apresentação. Assim, o modelo clássico de redação de relatórios nem sempre se ajusta à pesquisa qualitativa básica. Daí a necessidade de considerar aspectos específicos dessa modalidade de pesquisa para elaborar um relatório adequado.

Tradicionalmente, a escrita científica tem sido caracterizada pelos critérios de clareza, precisão e objetividade. O mesmo não acontece, no entanto, com a pesquisa qualitativa básica, em que o próprio pesquisador é considerado fonte de dados. Mas isto não significa que ele possa desconsiderar as boas práticas de pesquisa referentes à comunicação de seus resultados. Como bem indica o Código de Boas Práticas Científicas da Fapesp (2014, p. 22):

> Ao comunicar os resultados de sua pesquisa, por meio de um trabalho científico, o pesquisador deve expô-los com precisão, assim como todos os dados, informações e procedimentos que julgue terem sido relevantes para sua obtenção e justificação científicas.

Cabe, portanto, ao pesquisador empenhado na realização de pesquisa qualitativa básica considerar, na elaboração de seu relatório, entre outros aspectos: determinação do público-alvo, definição do foco, definição da estrutura redacional, inserção das falas dos participantes, comentários do pesquisador e questões éticas na redação do relatório.

## 7.2 Determinação do público-alvo

O relatório de pesquisa pode se destinar a diferentes públicos. Logo, a primeira consideração a ser feita na preparação do relatório consiste em definir seu público-alvo, que pode ser constituído por pesquisadores da mesma área, estudantes universitários, profissionais que atuam no campo em que foi realizado o estudo, agentes do poder público, empresários, especialistas de agências de fomento à pesquisa ou membros de uma banca examinadora.

Para o público constituído por pesquisadores, o principal interesse pelo trabalho poderá estar nas descobertas, em sua relação com os conhecimentos existentes ou ainda no desenvolvimento de teorias. Para estudantes universitários, o interesse maior poderá estar na verificação do nível de complexidade do estudo, bem como na maneira como foi conduzido. Para profissionais que atuam em campos relacionados ao tema do estudo – assim como para agentes públicos e empresários –, o interesse estará provavelmente na verificação da possibilidade de utilização prática dos resultados. Para os membros de bancas examinadoras em programas de mestrado e doutorado, o interesse maior está na metodologia utilizada, nas questões teóricas levantadas, bem como na coerência interna do relatório. Para os especialistas da instituição financiadora, por fim, o interesse está na relevância do problema estudado, no rigor com que foi realizada a pesquisa e no significado prático e acadêmico das descobertas.

## 7.3 Definição do foco

Tendo definido o público a quem se destina o relatório, o pesquisador passa à definição de seu foco. O que requer levar em consideração os objetivos da pesquisa, bem como o nível de abstração obtido durante a análise dos dados (Merriam; Tisdell, 2016). Há pesquisas que são elaboradas para servir a propósitos práticos, sendo dirigidas a pessoas que não necessariamente têm familiaridade com trabalhos científicos. Assim, a linguagem utilizada tende a ser mais livre, se comparada a de outros tipos, já que é importante cuidar para que o relatório se torne interessante para o público a quem se destina. O que exige o conhecimento do universo de discurso desse público, incluindo seus jargões.

Quando o estudo é destinado à obtenção de um grau acadêmico, à apresentação em evento científico ou à publicação em periódico, cuidados diferentes deverão ser tomados em relação ao foco. É importante, nesse caso, ressaltar a situação-problema que ensejou a realização do estudo, a contribuição para o seu equacionamento e para o aprimoramento teórico do tema. Também é importante enfatizar os procedimentos adotados na coleta, análise e interpretação dos dados. Nas pesquisas realizadas como requisito para a obtenção do grau de mestre ou de doutor, cuidados adicionais precisam ser tomados, já que o relatório se refere a um trabalho que precisa ser defendido perante uma banca em que seus membros, por dever de ofício, preparam-se para agir como "advogados do diabo", esquadrinhando o texto com o propósito de descobrir suas falhas. Assim, o pesquisador que desenvolveu uma pesquisa qualitativa básica e é candidato a um título acadêmico precisa indicar o estágio atual do conhecimento do assunto, problematizar o tema, justificar a relevância da pesquisa, justificar a opção pela pesquisa qualitativa básica e a adequação dos procedimentos metodológicos à solução do problema e discutir os resultados. Além de cuidar para que o estilo de redação e os componentes gráficos do texto estejam conforme as boas normas de redação científica.

## 7.4 Estruturação do relatório

Embora os relatórios de pesquisa qualitativa básica possam ser elaborados com relativa flexibilidade, estruturam-se geralmente segundo o padrão clássico, com alguns ajustes, principalmente quando a pesquisa é realizada no âmbito de instituições de Ensino Superior. Seguem, portanto, sugestões para elaboração de relatórios, seguindo o modelo clássico, ressaltando, porém, os itens necessários para acomodar os procedimentos adotados na pesquisa qualitativa básica.

### 7.4.1 Título e resumo

O título apresenta concisamente o tema geral da pesquisa. Pode também apresentar um subtítulo, indicando a modalidade de pesquisa. O resumo, por sua vez, indica os principais elementos do estudo, incluindo: contextualização, problema e/ou questões de pesquisa, métodos, resultados, discussão e conclusões.

### 7.4.2 Introdução

A Introdução constitui o primeiro capítulo ou seção primária do relatório. Dela constam a definição do problema e/ou questões de pesquisa, as razões para sua realização, o contexto em que foi realizada e – o que é muito importante – a justificativa da escolha da pesquisa qualitativa básica. Sua estruturação fica facilitada mediante a procura de respostas para questões como: Qual o propósito da pesquisa? O que levou o pesquisador a escolher este tópico e não outro? Que questões a pesquisa procura solucionar? Em que contexto o trabalho foi realizado? Quais os potenciais beneficiários de seus resultados?

É importante que essa seção seja suficientemente detalhada para permitir ao leitor uma visão geral da pesquisa. Não convém, no entanto, que seja muito longa, pois o que interessa aqui é captar a atenção do leitor, evitando-se um relato que possa ser cansativo. Não há como definir um número ideal de páginas, mas, admitindo-se um relatório com aproximadamente cem páginas, pode-se definir como razoável uma Introdução que tenha entre cinco e dez páginas.

### 7.4.3 Revisão da literatura

A revisão da literatura – como foi visto na seção referente à formulação do problema – é um tópico polêmico na realização das pesquisas qualitativas. Assim, Wolcott (2008) reconhece a importância de um arcabouço teórico para a pesquisa e recomenda o contato com a literatura relevante, mas não a elaboração de um capítulo específico para a revisão bibliográfica. Para esse autor, as contribuições teóricas devem ser apresentadas ao longo do relatório.

Mas, na maioria das pesquisas qualitativas básicas conduzidas no meio acadêmico, seu relatório inclui uma revisão da literatura. Se não para proporcionar fundamentação teórica ou referencial conceitual, para indicar o "estado da arte", ou seja, para esclarecer acerca do que já se investigou a respeito do assunto e quais as indagações que ainda permanecem. A revisão da literatura contribui também para demonstrar a competência do pesquisador para investigar o tópico.

Também é importante considerar que uma boa revisão bibliográfica não pode ser constituída por simples citações. São frequentes as revisões constituídas por frases ou parágrafos que se iniciam com as palavras: "Segundo Fulano", "De acordo com Beltrano", "Conforme acentua Sicrano" etc. O que indica que a revisão foi feita com superficialidade e sem espírito crítico. O que se espera de uma revisão bibliográfica é que avance em relação ao que já foi produzido, requerendo, portanto, uma apreciação crítica do pesquisador.

De modo geral, esse capítulo é mais extenso do que a Introdução. Mas não há como definir exatamente sua extensão. O que se recomenda é que não seja mais extenso do que o capítulo referente à análise e discussão dos dados. Quando isso acontece, pode dar a impressão de que o estudo não conduziu a resultados apreciáveis, restando ao autor apresentar a contribuição de outros autores ao tema.

### 7.4.4 Métodos

Nessa seção, o pesquisador precisa definir claramente a modalidade de pesquisa, indicar os critérios adotados na seleção da amostra, bem como as técnicas adotadas na coleta de dados e os procedimentos adotados na análise. Ênfase especial deverá ser conferida à justificativa da realização da pesquisa básica. Assim, recomenda-se que essa seção seja iniciada com a justificativa da realização de uma pesquisa qualitativa e não quantitativa e que, a seguir, indique as razões pelas quais foi realizada uma pesquisa qualitativa básica e não outra modalidade de pesquisa qualitativa.

Como a pesquisa qualitativa básica adota, de modo geral, uma perspectiva interpretativista, algumas características do pesquisador tornam-se relevantes, pois ele também pode ser considerado fonte de dados. Assim, convém indicar alguns de seus atributos pessoais, qualificações, experiências, relacionamentos com os participantes e interesses em relação a abordagem, tópico, questões, métodos e resultados da pesquisa.

Na pesquisa qualitativa básica o fenômeno também é estudado em seu contexto. Daí a necessidade de considerações acerca do local e dos fatores contextuais salientes, que podem ser de natureza social, cultural, econômica, política etc.

A amostra nessa modalidade de pesquisa é quase sempre escolhida de forma intencional. Mas é necessário, também, esclarecer como e por que os participantes, eventos ou documentos foram selecionados. Também é preciso indicar o critério adotado para decidir quando nenhuma amostra adicional se tornou necessária, como, por exemplo, quando ocorreu a saturação da amostra.

Como a pesquisa qualitativa básica se refere a seres humanos, é preciso tratar das implicações éticas relativas aos métodos adotados. Questões referentes à inclusão e exclusão de participantes, minimização de riscos decorrentes da participação na pesquisa, segurança e confiabilidade dos dados precisam ser consideradas. Também é necessário informar se a pesquisa foi aprovada por um comitê de ética e, nesse caso, anexar cópia do documento de aprovação, bem como o Termo de Consentimento Livre e Esclarecido, ou justificativa de sua não utilização.

As técnicas de coleta de dados devem ser apresentadas de maneira detalhada. Em relação às entrevistas, por exemplo, é preciso descrever a modalidade adotada, os critérios de seleção dos entrevistados, o local e as circunstâncias em que foram realizadas, sua duração etc. Também é necessário indicar os instrumentos utilizados, como os guias de entrevista, assim como os dispositivos tecnológicos, como gravadores de áudio e de vídeo.

Em relação à análise dos dados, adota-se geralmente a análise temática. Mas é necessário também indicar os procedimentos utilizados para seu processamento, incluindo transcrição de entrevistas, codificação dos dados, identificação de temas e busca de inferências. Também é necessário esclarecer acerca dos softwares que eventualmente tenham sido utilizados para apoio à análise.

### 7.4.5 Análise e discussão dos resultados

A análise e discussão dos dados constituem a parte central do relatório da pesquisa. A análise evidencia as relações existentes entre os dados obtidos e o fenômeno estudado. A discussão, por sua vez, corresponde ao significado mais amplo atribuído aos dados, envolvendo – quando for o caso – o relacionamento com as bases teóricas da pesquisa. Consequentemente, é nessa seção em que se apresentam as principais descobertas e se explica como estas se conectam, apoiam, reformulam ou desafiam as conclusões de estudos anteriores.

Assim como as seções anteriores, esta pode ser estruturada com muita flexibilidade. Recomenda-se, no entanto, o estabelecimento prévio de um sumário com seções secundárias e, se possível, terciárias. Essa tarefa pode não ser tão simples, como ocorre nos relatórios de levantamentos, em que as seções são geralmente definidas com base nos próprios itens do questionário ou do roteiro de entrevista. É necessário, portanto, que o pesquisador, ao iniciar esse sumário, tenha familiaridade tal com os dados que lhe permita ter uma visão global de seu conjunto. O sumário pode, naturalmente, ser alterado, à medida que a redação for se efetivando. É muito provável que isso ocorra. Mas convém que, ao ser elaborado, o pesquisador o faça como se fosse definitivo.

Como na pesquisa qualitativa básica para análise dos dados adotam-se os procedimentos da análise temática, torna-se conveniente esclarecer acerca do significado desse método e da conveniência de sua adoção. A seguir, indicam-se os códigos que foram definidos, seguidos dos temas que foram gerados. Apresenta-se, a seguir, a descrição e discussão de cada tema, que pode envolver trechos selecionados das falas dos entrevistados, notas de campo ou trechos de documentos. Finalmente, integra-se o conteúdo dos temas em uma análise geral.

É importante para o leitor o conhecimento dos extratos significativos das entrevistas e de outras fontes. Assim, há pesquisadores que apresentam os dados a partir de uma coluna onde aparecem todos os extratos, seguida de uma coluna com os códigos, outra com os subtemas e finalmente outra com os temas. Porém, como é frequente a situação em que são selecionadas dezenas de extratos, os respectivos quadros podem requerer muitas páginas, tornando a leitura fastidiosa. Pode ser interessante, portanto, indicar apenas os extratos mais significativos, seguidos pelos subtemas. Ou, então, indicar apenas a descrição dos temas, deixando os quadros em anexos.

### 7.4.6 Conclusão

A seção correspondente à Conclusão serve para estabelecer a relação entre o problema e as questões de pesquisa, os tópicos da revisão bibliográfica e os resultados obtidos. Dessa forma, proporciona-se ao leitor informação acerca do alcance dos objetivos definidos no estudo, o que implica fornecer respostas a algumas questões do tipo: "Foi possível verificar o que se pretendia?", "Ampliou-se o conhecimento acerca do assunto?", "Obteve-se uma melhor compreensão do fenômeno?", "Foram construídas novas conjecturas acerca do problema?"

A Conclusão é também o local adequado para discussão acerca das limitações da pesquisa. O delineamento proposto foi suficiente para fornecer resposta ao problema ou às questões de pesquisa? Os casos foram bem selecionados? A escolha dos informantes foi adequada? As técnicas de coleta de dados foram suficientes? Que erros foram cometidos?

Uma maneira adequada de concluir a seção de Conclusão é com a apresentação de sugestões para pesquisas futuras. Pode-se, por exemplo, sugerir o estudo do mesmo fenômeno em outros contextos, ou propor um enfoque diferente para o estudo. Ou, ainda, recomendar a adoção de cuidados específicos na escolha dos informantes ou na condução das entrevistas. Essas sugestões podem ser úteis, pois muitos dos leitores de relatórios de pesquisa são pesquisadores ou estudantes que estão envolvidos com trabalhos de pesquisa.

## 7.5 Estilo de redação

Os leitores de relatórios de pesquisa quantitativa tendem a ser seletivos, já que esses relatórios são elaborados de forma a possibilitar localizar facilmente as informações que lhes interessam, pois estas se encontram organizadas em tabelas ou gráficos. O mesmo não ocorre em relatórios de pesquisa qualitativa, cuja redação tende a ser discursiva e, consequentemente, a obtenção das informações desejadas pode exigir a leitura de muitas páginas. Por isso, é necessário que seja redigido num estilo que desperte a atenção do leitor. Que o leitor se sinta "encantado" com a leitura. Que tenha interesse em ler o relatório página a página, até o fim (Gil, 2022).

Braun e Clarke (2013) acentuam que é importante fornecer um relato conciso, coerente, lógico, não repetitivo e interessante da história que os dados contam. Sua redação deve fornecer evidências suficientes dos temas dentro dos dados, ou seja, extratos de dados suficientes para demonstrar a prevalência do tema. Cabe, portanto, escolher exemplos particularmente vívidos ou extratos que capturem a essência do ponto que está sendo demonstrado, sem complexidade. Os extratos, por sua vez, precisam ser incorporados a uma narrativa analítica que ilustre de maneira convincente a história que está sendo contada com base nos dados. E a narrativa analítica precisa ir além da descrição dos dados e argumentar em relação à sua questão de pesquisa.

## 7.6 Inserção das falas dos entrevistados

Como foi indicado na seção anterior, os extratos são elementos importantes para demonstrar a prevalência dos temas. Mas isso não significa que todos devam ser incluídos no relatório. O pesquisador precisa proceder ao tratamento analítico desses extratos e reduzir significativamente a quantidade de informações a serem apresentadas.

A redução é um processo que se inicia com a obtenção dos primeiros dados e constitui uma das etapas do processo de análise, mas que tem continuidade com a redação do relatório. A redução, nesse momento, não significa apenas diminuir a quantidade de falas de entrevistados, mas também parafraseá-las, ou seja, apresentá-las com as próprias palavras do pesquisador. Isto é importante para garantir um estilo fácil e agradável, mas também é conveniente apresentar falas originais. Afinal, uma das grandes vantagens da pesquisa qualitativa básica é exatamente a de proporcionar o conhecimento da realidade mediante as próprias formas de expressão das pessoas. Assim, o pesquisador precisa ter habilidade suficiente para reduzir e parafrasear os textos obtidos, mantendo a máxima fidelidade possível à expressão dos informantes, e também para selecionar as falas que deverão ser inseridas *ipsis litteris*.

As falas originais dos informantes devem ser destacadas do texto, independentemente de sua extensão. Indica-se também o nome da pessoa, que pode ser fictício para preservar sua identidade, seguido de informação referente a seu papel ou função (por exemplo: professora, empresário, aluno do Ensino Médio, dona de casa etc.). Como nos exemplos identificados a seguir.

> *Tive muita dificuldade para me adaptar à nova função. No começo tudo parecia difícil para mim. Cheguei até mesmo a pedir demissão. Mas depois de umas duas semanas estava totalmente adaptado* (Rogério, auxiliar de Almoxarifado).

> *Sempre pensei em ser professora. Mas uma coisa que sempre me atemorizou foi pensar no primeiro contato com uma classe. Quando estava na faculdade, cheguei a pedir aconselhamento psicológico para me auxiliar no enfrentamento das classes. Mas quando chegou o dia do primeiro contato foi tudo muito tranquilo. Encarei normalmente a classe e me senti tranquila todo o tempo em que fiquei na sala* (Mariana, professora do Ensino Médio).

Pode ocorrer a necessidade de inserção de longos textos para possibilitar o entendimento da expressão dos informantes. Mas, em favor do leitor, é necessário garantir que o texto não seja cansativo. Por essa razão é que se pode excluir partes não essenciais de um trecho longo, desde que a seleção das falas seja feita com cuidado suficiente para representar com fidedignidade os pensamentos, as sensações e as ações dos sujeitos da pesquisa, mas sem desestimular o leitor. Nesse caso, é necessário indicar a supressão, mediante a utilização de colchetes, como aparece no trecho a seguir.

> *Não é nada fácil trabalhar como enfermeira em uma unidade de terapia intensiva [...]. As coisas se complicaram com a pandemia da covid-19 [...]. Não apenas porque o fluxo de pacientes aumentou, mas porque os protocolos exigiam muito mais cuidados. No começo, levava uns 15 minutos só para me paramentar. Com a prática, passei a me paramentar em menos tempo [...]. Mas o maior problema era o medo do contágio. Quando um colega nosso se internava na UTI, aí é que aumentava a nossa tensão. Aconteceu com dois colegas nossos, que precisaram ser entubados e ficaram mais de um mês na UTI (Lilian, enfermeira).*

## 7.7 Combinação das falas dos informantes com os comentários do pesquisador

Um dos grandes dilemas na redação do relatório de um estudo rico em dados é o de combinar as falas dos informantes com os comentários do pesquisador. No modelo clássico de relatório, uma seção é dedicada aos resultados e outro à discussão, o que contribui para que o leitor distinga os dados obtidos das considerações feitas pelo pesquisador. Esse modelo, no entanto, nem sempre se mostra o mais adequado para relatórios de pesquisas qualitativas. Os relatórios mais atraentes – e que apresentam maior chance de ser lidos – são aqueles em que as falas são exibidas e os comentários do pesquisador feitos em sequência.

Constata-se, porém, que em muitos relatórios passa-se das falas dos entrevistados para os comentários do autor sem qualquer elemento de transição, dificultando a identificação de suas conexões.

Também há relatórios em que a apresentação das falas é reduzida a um mínimo, deixando para o leitor a impressão de que se trata apenas de ilustrações que servem para reforçar os comentários do autor. Há, por outro lado, relatórios em que as falas dos informantes correspondem à maior parte do texto e são reafirmadas nos comentários do autor. Em alguns desses relatórios, fica até mesmo a impressão de que os comentários correspondem a falas dos próprios informantes. São, pois, situações muito comuns, cujo reconhecimento reforça a necessidade de múltiplas revisões para garantir uma redação que coopere com o entendimento do leitor.

## 7.8 Revisão do relatório

Um relatório bem-elaborado é essencial para conferir qualidade à pesquisa. Para justificar sua realização. Para comunicar com eficácia os resultados. Para demonstrar o rigor dos métodos empregados e a confiabilidade dos resultados obtidos. Para demonstrar o atendimento às normas e aos padrões definidos pela comunidade científica. Para preservar o conhecimento gerado. Para inspirar novas pesquisas.

Para garantir a qualidade do relatório é necessário que passe por cuidadosa revisão. O que requer análise crítica e detalhada de todas as suas partes, desde a formulação do problema de pesquisa até a apresentação das conclusões. Por essa razão é que existem guias elaborados especificamente com a finalidade de revisão dos relatórios. Um dos mais apropriados é o COREQ (Critérios Consolidados para Relato de Pesquisa Qualitativa). É um guia que visa aprimorar a qualidade e a transparência dos relatórios de pesquisas qualitativas. Foi desenvolvido por um grupo internacional de pesquisadores reunidos pela REDEQUATOR (Enhancing the QUAlity and Transparency Of health Research), que é uma rede internacional que trabalha para melhorar a qualidade e a transparência da pesquisa em saúde. É de domínio público e está disponibilizado em português (Souza *et al.*, 2021).

O COREQ é constituído por 32 itens, distribuídos em três domínios:

### Domínio 1 – Equipe de pesquisa e reflexividade.

Características pessoais: 1. Entrevistador/facilitador; 2. Credenciais; 3. Ocupação; 4. Gênero; 5. Experiência e treinamento; 6. Relacionamento estabelecido; 7. Conhecimento do participante sobre o entrevistador; e 8. Características do entrevistador.

### Domínio 2 – Conceito do estudo.

Estrutura teórica: 9. Orientação metodológica e teoria.

Amostragem: 10. Seleção de participantes; 11. Método de abordagem; 12. Tamanho da amostra; e 13. Não participação.

Cenário: 14. Cenário da coleta de dados; 15. Presença de não participantes; 16. Descrição da amostra.

Coleta de dados: 17. Guia da entrevista; 18. Repetição de entrevistas; 19. Gravação audiovisual; 20. Notas de campo; 21. Duração; 22. Saturação de dados; e 23. Devolução de transcrições.

### Domínio 3 – Análise e resultados.

Análise de dados: 24. Número de codificadores de dados; 25. Descrição da árvore de codificação; 26. Derivação de temas; 27. Software; e 28. Verificação do participante.

Relatório: 29. Citações apresentadas; 30. Dados e resultados consistentes; 31. Clareza dos principais temas; e 32. Clareza de temas secundários.

Para cada item, o Guia apresenta perguntas para facilitar sua elaboração, que podem ser encontradas no site http://ref.scielo.org/m4dzmr

## Leituras recomendadas

WOLCOTT, Harry E. *Writing up qualitative research*. 2. ed. Thousand Oaks: Sage, 2001. [Traduzido para o espanhol: *Mejorar la escrita de la investigación cualitativa*. Medellin: Universidad de Antioquia, 2007.]

Livro totalmente dedicado à redação de relatórios de pesquisa qualitativa. Trata, dentre outros tópicos, do processo de seleção do material a ser escrito, do estilo de redação e do ajustamento do texto aos requisitos da publicação acadêmica.

MEDEIROS, João Bosco. *Redação científica*: práticas de fichamentos, resumos, resenhas. 13. ed. São Paulo: Atlas, 2019.

Trata, dentre outros tópicos, da estrutura e apresentação de trabalhos científicos. Apresenta as normas da ABNT para elaboração de resumos, citações, referências etc.

SOUZA, Virginia Ramos dos Santos *et al*. Translation and validation into Brazilian Portuguese and assessment of the COREQ checklist. *Acta Paulista de Enfermagem*, v. 34, 2021. Disponível em: http://ref. scielo.org/m4dzmr – Acesso em: 2 mai. 2024.

Nesse artigo, os autores apresentam a tradução e validação para o português do Brasil do COREQ (Critérios Consolidados para Relato de Pesquisa Qualitativa).

## Questões para revisão e reflexão

1. Quais são as consequências potenciais de um relatório malredigido?
2. Como a estrutura de um relatório de pesquisa contribui para a efetividade da comunicação eficaz dos resultados?

3. De que forma a organização e formatação do texto podem influenciar a legibilidade e a compreensão do relatório?

4. Que estratégias podem ser utilizadas para garantir que a linguagem utilizada no relatório seja clara, concisa e acessível ao público-alvo?

5. Identifique alguns relatórios de pesquisa qualitativa considerando os itens definidos no COREQ.

Domínio 1: Equipe de pesquisa e reflexividade

Características pessoais

1. Entrevistador/facilitador

2. Credenciais

3. Ocupação

4. Gênero do pesquisador

5. Experiência e treinamento

6. Relacionamento estabelecido

7. Conhecimento do participante sobre o entrevistador

8. Características do entrevistador

Domínio 2: Conceito do estudo

Estrutura teórica

9. Orientação metodológica e teoria

Amostragem

10. Seleção de participantes

11. Método de abordagem

12. Tamanho da amostra

13. Não participação

Cenário

14. Cenário da coleta de dados

15. Presença de não participantes

16. Descrição da amostra

Coleta de dados

17. Guia da entrevista

18. Repetição de entrevistas

19. Gravação audiovisual

20. Notas de campo

21. Duração

22. Saturação de dados

23. Devolução de transcrições

Domínio 3: Análise e resultados

Análise de dados

24. Número de codificadores de dados

25. Descrição da árvore de codificação

26. Derivação de temas

27. Software

28. Verificação do participante

Relatório

29. Citações apresentadas

30. Dados e resultados consistentes

31. Clareza dos principais temas

32. Clareza de temas secundários

# Referências

ANGERS, M. *Initiation pratique à la méthodologie des sciences humaines*. 6. ed. Montreal: Centre Educatif et Culturel (CEC), 2014.

BARBOUR, R. *Grupos focais*. Porto Alegre: Penso, 2009.

BARKER, R.G.; WRIGHT, H.F. *Midwest and its children*: the psychological ecology of an American town. Nova York: Row, Peterson and Company, 1955.

BEAUCHAMP, T.L.; CHILDRESS, J.F. Morality and ethical theory. *In*: CHADWICK, R.; SCHROEDER, D. (ed.). *Applied ethics*: critical concepts in philosophy. Londres: Routledge, 2002. p. 75-95.

BEAUD, S.; WEBER, F. *Guia para pesquisa de campo*. Petrópolis: Vozes, 2007.

BOGDAN, R.; TAYLOR, S. *Introduction to qualitative research methods*. Nova York: Wiley, 1975.

BOYATZIS, R.E. *Transforming qualitative information*: thematic analysis and code development. Thousand Oaks: Sage, 1998.

BRASIL. CONSELHO NACIONAL DE SAÚDE. Resolução n. 510, de 7 de abril de 2016. *Diário Oficial da União*: seção 1, n. 98, p. 44-46, 24 maio 2016. Disponível em: https://conselho.saude.gov.br/images/comissoes/conep/documentos/NORMAS-RESOLUCOES/Resoluo_n_510_-_2016_-_Cincias_Humanas_e_Sociais.pdf–Acesso em: 12 jan. 2023.

BRAUN, V.; CLARKE, V. Using thematic analysis in psychology. *Qualitative Research in Psychology*, v. 3, n. 2, p. 77-101, 2006.

BRAUN, V.; CLARKE, V. *Successful qualitative research*: a practical guide for beginners. Londres: Sage, 2013.

BRINKMANN, S.; KVALE, S. *Doing interviews*. 2. ed. Londres: Sage, 2018.

CAELLI, K.; RAY, L.; MILL, J. "Clear as mud": towards a greater clarity in generic qualitative research. *International Journal of Qualitative Methods*, v. 2, n. 1, 2003. Disponível em: https://journals.sagepub.com/doi/10.1177/160940690300200201 – Acesso em: 10 jan. 2023.

CELLARD, A. A análise documental. *In*: POUPART, J. *et al*. *A pesquisa qualitativa*: enfoques epistemológicos e metodológicos. 2. ed. Petrópolis: Vozes, 2010.

CHARMAZ, K. *A construção da teoria fundamentada*: guia prático para análise qualitativa. Porto Alegre: Artmed, 2009.

CLANDININ, D.J.; CONNELLY, F.M. *Narrative inquiry*: experience and story in qualitative research. San Francisco: Jossey-Bass, 2000.

COLAIZZI, P. Psychological research as a phenomenologist views it. *In*: VALLE, R.; KING, M. *Existential phenomenological alternatives for psychology*. Nova York: Open University Press, 1978.

CRESSEY, P. *Sociological exploration of the taxi-dance hall in Chicago*. Chicago: University of Chicago Press, 1932.

CRESWELL, J.W. *Investigação qualitativa e projeto de pesquisa*: escolhendo entre cinco abordagens. Porto Alegre: Penso, 2014.

DENZIN, N.K.; LINCOLN, Y.S. *The Sage handbook of qualitative research*. Los Angeles: Sage, 2018.

LINCOLN, Y.; LYNHAM, S.; GUBA, E. Paradigmatic controversies, contradictions, and emerging confluences revisited. In: DENZIN, N.; LINCOLN, Y. (org.). *The Sage handbook of qualitative research*. 4. ed. Thousand Oaks: Sage, 2011.

ELLIS, J.L.; HART, D.L. Strengthening the choice for a generic qualitative research design. *The Qualitative Report*, v. 28, n. 6, p. 1.759-p.768, 2023. Disponível em: https://doi.org/10.46743/2160-3715/2023.5474 – Acesso em: 10 maio 2024.

EMERSON, R.M.; FRETZ, R.I.; SHAW, L.L. *Writing ethnographic fieldnotes*. Chicago: University of Chicago Press, 2011.

FLICK, U. *An introduction to qualitative research*. 4. ed. Londres: Sage, 2009.

FRAZIER, E.F. *The negro family in Chicago*. Chicago: University of Chicago Press, 1932.

FUNDAÇÃO DE AMPARO À PESQUISA DO ESTADO DE SÃO PAULO. *Código de boas práticas científicas*. São Paulo: Fapesp, 2014. Disponível em: https://fapesp.br/boaspraticas/2014/FAPESP-Codigo_de_Boas_Praticas_Cientificas.pdff – Acesso em: 11 jan. 2023.

GASKELL, G. Entrevistas individuais e grupais. *In*: BAUER, M.W.; GASKELL, G. *Pesquisa qualitativa com texto, imagem e som*: um manual prático. Petrópolis: Vozes, 2014.

GIL, A.C. *Como fazer pesquisa qualitativa*. São Paulo: Atlas, 2022.

GIORGI, A. An application of phenomenological method in psychology. *In*: GIORGI, A.; FISCHER, C.T.; MURRAY, E.L. (ed.). *Duquesne studies in phenomenological psychology*. Pittsburgh: Duquesne University Press, 1975. v. 2.

GLASER, B. *Theoretical sensitivity*: advances in the methodology of grounded theory. Mill Valley: Sociology Press, 1978.

GLASER, B.G.; STRAUSS, A. *The discovery of grounded theory*: strategies for qualitative research. Mill Valley: Sociology Press, 1967.

HENNINK, M.M. *Understanding focus group discussions*. Oxford: Oxford University Press, 2014.

HUNT, M.R. Strengths and challenges in the use of interpretive description: reflections arising from a study of the moral experience of health professionals in humanitarian work. *Qualitative Health*

*Research*, v. 19, n. 9, p. 1.284-1.292, 2009. Disponível em: https://pubmed.ncbi.nlm.nih.gov/19690208/. Acesso em: 20 mar. 2023.

HUSSERL, E. *Investigações lógicas*. Volume 2, parte l: Investigações para uma fenomenologia e a teoria do conhecimento. Rio de Janeiro: Forense Universitária, 2012.

JACCOUD, M.; MAYER, R. A observação direta e a pesquisa qualitativa. *In*: POUPART, J. *et al*. *A pesquisa qualitativa*: enfoques epistemológicos e metodológicos. 2. ed. Petrópolis: Vozes, 1997.

JACOB, E. Qualitative research traditions: a review. *Review of Educational Research*, v. 5, n. 7, p. 1-50, 1987. Disponível em: https://journals.sagepub.com/doi/abs/10.3102/00346543057001001 – Acesso em: 10 mar. 2023.

JAMES, W. *Pragmatismo e outros textos*. 2. ed. São Paulo: Abril Cultural, 1985.

JANIS, I.L. *Groupthink*. Boston: Houghton Mifflin, 1983.

KAHLKE, R.M. Generic qualitative approaches: pitfalls and benefits of methodological mixology. *International Journal of Qualitative Methods*, v. 13, n. 1, p. 37-52, 2014. Disponível em: https://journals.sagepub.com/doi/full/10.1177/160940691401300119 – Acesso em: 4 fev. 2023.

KING, N.; HORROCKS, C.; BROOKS, J. *Interviews in qualitative research*. 2. ed. Thousand Oaks: Sage, 2019.

KOSTERE, S.; KOSTERE, K. *The generic qualitative approach to a dissertation in the social sciences*: a step by step guide. Londres: Routledge, 2021.

KRUEGER, R.A. *Focus groups*: the practical guide goes applied research. 2. ed. Thousand Oaks: Sage, 1994.

LANCY, D.F. *Qualitative research in education*: an introduction to the major traditions. White Plains: Longman, 1993.

LIAMPUTTONG, P. *Focus group methodology*: principle and practice. Thousand Oaks: Sage, 2011.

LINCOLN, Y.; GUBA, E. *Naturalistic inquiry*. Beverly Hills: Sage, 1985.

LINCOLN, Y.; LYNHAM, S.; GUBA, E. Paradigmatic controversies, contradictions, and emerging confluences revisited. *In*: DENZIN, N.; LINCOLN, Y. (org.). *The Sage handbook of qualitative research*. 4. ed. Thousand Oaks: Sage, 2011.

LOFLAND, J.; SNOW, D.A.; ANDERSON, L.; LOFLAND, L.H. *Analyzing social settings*: a guide to qualitative observation and analysis. 4. ed. Belmont: Wadsworth/Thomson Learning, 2006.

MAGOON, A. Constructivist approaches in educational research. *Review of Educational Research*, v. 47, n. 4, p 651-693, 1977.

MAGUIRE, M.; DELAHUNT, B. Doing a thematic analysis: a practical, step-by-step guide for learning and teaching scholars. *AISHE-J: The All Ireland Journal of Teaching and Learning in Higher Education*, v. 8, n. 3, p. 3.351-3.354, 2017. Disponível em: https://ojs.aishe.org/index.php/aishe-j/article/view/335 – Acesso em: 16 jun. 2023.

MALINOWSKI, B. *Argonauts of the Western Pacific*. Londres: George Routledge & Sons, 1922.

MERRIAM, S.B. *Qualitative research and case study applications in education*. San Francisco: Allyn and Bacon, 1998.

MERRIAM, S.B.; TISDELL, E.J. *Qualitative research*: a guide to design and implementation. 4. ed. San Francisco: Jossey-Bass, 2016.

PATTON, M. *Qualitative research and evaluation methods*. 2. ed. Thousand Oaks: Sage, 2015.

PERCY, W.H.; KOSTERE, K.; KOSTERE, S. Generic qualitative research in psychology. *The Qualitative Report*, v. 20, n. 2, p. 76-85, 2015.

POLKINGHORNE, D.E. Language and meaning: data collection in qualitative research. *Journal of Counseling Psychology*, v. 52, n. 2, p. 137-145, 2005.

POUPART, J.P. A entrevista de tipo qualitativo: considerações episte-mológicas, teóricas e metodológicas. *In*: POUPART, J. *et al. A pesquisa qualitativa*: enfoques epistemológicos e metodológicos. Petrópolis: Vozes, 2010.

RIST, R.C. On the relations among educational research paradigms: from disdain to detente. *Anthropology and Education Quarterly*, v. 8, n. 2, p. 42-49, 1977.

RUBIN, H.J.; RUBIN, I.S. *Qualitative interviewing the art of hearing data*. 3. ed. Thousand Oaks: Sage, 2012.

SALDAÑA, J. *The coding manual for qualitative researchers*. 2. ed. Thousand Oaks: Sage, 2022.

SHAW, C.R. *The jack-roller*: a delinquent boy's own story. Chicago: University of Chicago, 1930.

SMITH, J.K. Quantitative versus qualitative research: an attempt to clarify the issue. *Educational Researcher*, v. 12, n. 3, p. 6-13, 1983.

SOUZA, V.R.S. *et al*. Translation and validation into Brazilian Portuguese and assessment of the COREQ checklist. *Acta Paulista de Enfermagem*, v. 34, 2021. Disponível em: http://ref.scielo.org/m4dzmr – Acesso em: 2 maio 2024.

SPRADLEY, J.P. *Participant observation*. Nova York: Holt, Rinehart and Winston, 1980.

STAKE, R.E. *The art of case study research*. Thousand Oaks: Sage, 1995.

STRAUSS, A.; CORBIN, J. *Pesquisa qualitativa*: técnicas e procedimentos para o desenvolvimento de teoria fundamentada. 2. ed. Porto Alegre: Artmed, 2008.

TASHAKKORI, A.; TEDDLIE, C.; TEDDLIE, C.B. *Mixed methodology*: combining qualitative and quantitative approaches. Thousand Oaks: Sage, 1998.

THORNE, S.E. *et al*. Qualitative metasynthesis: reflections on methodological orientation and ideological agenda. *Qualitative Health Research*, v. 14, n. 10, p. 1.342-1.365, 2004.

THORNE, S.E. Methodological orthodoxy in qualitative nursing research: analysis of the issues. *Qualitative Health Research*, v. 1, n. 2, p. 178-199, 1991.

THRASHER, F. *The gang*: a study of 1313 gangs in Chicago. Chicago: The University of Chicago Press, 1927.

WOLCOTT, H.F. *Writing up qualitative research*. Thousand Oaks: Sage, 2008.

YIN, R.K. *Estudo de caso*: planejamento e métodos. 5. ed. Porto Alegre: Bookman, 2015.

Conecte-se conosco:

**f** facebook.com/editoravozes

**◉** @editoravozes

**𝕏** @editora_vozes

**▶** youtube.com/editoravozes

**☎** +55 24 2233-9033

## www.vozes.com.br

Conheça nossas lojas:

www.livrariavozes.com.br

Belo Horizonte – Brasília – Campinas – Cuiabá – Curitiba
Fortaleza – Juiz de Fora – Petrópolis – Recife – São Paulo

**EDITORA VOZES LTDA.**
Rua Frei Luís, 100 – Centro – Cep 25689-900 – Petrópolis, RJ
Tel.: (24) 2233-9000 – E-mail: vendas@vozes.com.br